自　我

Self : What am I ?

巴里·丹頓　著

王岫廬　譯

商務印書館

自　我（Self：What am I ?）

作　　者：巴里・丹頓（Barry Dainton）

譯　　者：王岫廬

責任編輯：黃振威

封面插圖：蘇小泡

出　　版：商務印書館 (香港) 有限公司

　　　　　香港筲箕灣耀興道 3 號東滙廣場 8 樓

　　　　　http://www.commercialpress.com.hk

發　　行：香港聯合書刊物流有限公司

　　　　　香港新界大埔汀麗路 36 號中華商務印刷大廈 3 字樓

印　　刷：中華商務彩色印刷有限公司

　　　　　香港新界大埔汀麗路 36 號中華商務印刷大廈 14 字樓

版　　次：2017 年 4 月第 1 版第 1 次印刷

　　　　　© 2017 商務印書館 (香港) 有限公司

　　　　　ISBN 978 962 07 5713 6

　　　　　Printed in Hong Kong

目　錄

序 幕

　　你醒來的時候覺得一切正常，直到進了洗手間，才注意到有點不對勁。你看着鏡子，看到自己再熟悉不過的臉正盯着自己看……唉，一大早這個時候，這張臉看上去並不在最佳狀態。過了一會兒，你注意到一些非常奇怪的事情：你頭頂上好像伸出了兩根短短的、貌似天線的東西。你扯了扯其中一根，顯然它不會伸縮。你設法接受了頭頂上的這個新裝飾物，把頭髮向後梳，卻又注意到了另一個問題。在你的前額上，就在發際線之下，有一塊三角形的皮膚不見了，取而代之的像是一塊玻璃。靠近鏡子，你發現這層表面是完全透明的。你看不到內部的幽深之處，但這就像是有人在你的頭上安裝了個觀測窗一樣。

離開洗手間，回到臥室，你在梳妝枱上發現一個信封。信封上清晰地列印着一行字："**你丟失的大腦**"。你打開信封 —— 帶着那種完全可以理解的迫不及待 —— 看到了這樣的資訊：

> 別害怕！你不需要知道我們是誰，但你必須知道，我們劫持了你的大腦。如果你按照我們的指令，乖乖聽我們的話去做 —— 你很快會收到我們的電子郵件 —— 我們會將你的大腦原封不動地送還。

帶着迅速增長的恐懼感，你打開了電腦。電腦在啟動的時候，你又去鏡子面前仔細看了看鑲在你前額上的玻璃片。你用一支小小的筆型電筒往裏照，這下子，你就可以看到頭蓋骨裏頭有些甚麼 —— 或者說，沒有甚麼了。你的大腦的確不見了。在空蕩蕩的頭顱中間，也就是原本你的大腦所在之處，有個東西，看上去像是小小的電子設備，它的上面有許多電線，連接着你的眼睛、耳朵，還往下連進你的脖子，大概是連着你脊椎的頂端。

電腦現在已經啟動好了，你也很快看到了之前所說的那封電子郵件，郵件附上了一個鏈結。你立刻點擊那個鏈結，看到一段視頻，展示了一大缸冒着泡泡的液體。缸中間浮着一個大腦，通過許多電線和一部電腦相連接。伴隨視頻的聲音解說聲稱，缸裏的那個大腦其實就是你的，並同時解釋了你頭頂上那些天線的用處。這些天線連着你頭顱裏的電子設備，而那個電子設備是一個無線電收發機，能夠在你的身體和體外分離的大腦之間傳遞電子資訊，無論你的大腦到底在甚麼地方，反正目前它就不在你的體內。這些連接讓你的身體和大腦保持正常的溝通，完成各種實際的操作，就如同你的大腦還在你的頭裏面，還以正常方式連接着你的脊椎以及其他感覺器官一樣。

儘管這一切讓你憂心忡忡，但這種極度怪異的狀態倒也不會讓你完全茫然無措。你的大腦雖然在離你的頭顱數里以外的地方，所有的一切卻還完全和以前正常的時候一樣。你所有的感覺都在正常運作：如果你捏自己一下，會覺得疼，你身體的協調性也絲毫沒有受到影響。湊巧的是，你還是一個神經學家，你完全明白我們的心智有多麼需要依靠大腦，你也完全瞭解大腦受損對正常行為能力產生的各種影響。事實上，多年以來，出於各種原因和理由，你一直百分之百地相信，我們是我們的大腦。既然你相信這一點，並且你也相信你的大腦不在自己的體內，而是浮在你從電腦顯示器熒幕上所看到的那個大缸裏。顯而易見的是：你應該覺得你自己和你的大腦在一起，就在那個缸裏。畢竟，那兒才是你思想發生的地方。但是無論怎麼努力，你都沒辦法讓自己真正相信這一點。或者至少，你能儘量相信你的大腦不在你的頭顱裏面了。但是接受這一點對於你看上去置身何處沒有任何影響：你看上去還是身處平日所在的地方，也就是在你眼睛後面大約一英寸左右、你兩耳之間的位置。你接着想，"我不在**這裏**，我在**那裏**，那個缸裏！"想了一遍又一遍，希望自己能夠相信它。但是完全沒有用。你依然有活生生的感覺，自己確實在這裏，而你的大腦的確是在**別處**。

這是個好玩的故事，雖然也相當怪異。然而，這也是一個引人深思的故事。事實上，這一類思想試驗在哲學中扮演了重要的角色，而且這是有充分理由的。有的情況在現實生活中不會出現，然而卻完全可以想像出來。從這些情況中，我們會學到不少東西。例如，上文描述的思想試驗，其關鍵部分源自哲學家丹尼爾·丹尼特（Daniel Dennett）的一篇著名文章，而這個思想試驗提出了許多議題。[1] 首先，它表明，你和大腦之間的關係也許並非像你以為的那麼直接。但它同時也明確提出了一個更簡單而基本的問題：你**是**甚麼？

你存在，這是一個你可以比較有理由確定的事 —— 和其他讓你覺得確信無疑的事情一樣，非常肯定。但是，你，或者我們其他人中的任何一個，到底是甚麼？當你在思考"我是誰？"的時候，是誰（或者説，甚麼）在進行思考呢？這

---

1 這裏所提到的丹尼特（Dennett）的文章（毫不令人驚訝地）叫做〈我在哪裏？〉，可以在他的 *Brain-storms*（1981）一書第 310—323 頁中找到。關於這一話題的詳細探討，請見網頁：www.barrydainton.com/self/。這個網站包含了大量附錄，相關於我們在本書中將會遇到諸多問題和主題 —— 還包含了對有關哲學術語的一些説明性的評論。

個問題帶來的反響是其他問題難以企及的，而歷史上像這個問題一樣富有爭議、或者說難以回答的問題，為數也並不多。

對這個問題的第一反應 —— 至少對於生活在二十一世紀的人而言 —— 會說，我們是甚麼，這是顯而易見的：我們是人類，生物性實體，**智人**（Homo sapiens）這一動物物種的成員。儘管這是一個科學上無可指摘的回答，但這絕不是唯一可能的回答，甚至也不是最常見的回答。許多人認為，我們當然**有**生物的身體，但我們並不僅僅是有機體。我們還有靈魂，讓我們能夠超越肉體的死亡而存在。在美國，有大約超過百分之七十的人相信他們有靈魂；在英國和德國這個比例要略低一點；而在非洲和印度，這個比例則要高得多。可以推斷，大多數人會說，我們並不僅僅**有**靈魂，其實，從根本上來說我們**就是**靈魂。不論靈魂可能是其他甚麼，如果靈魂是值得擁有的（或者值得被渴望擁有的），那它就應該能夠讓一個人的性格、智力，以及有意識的精神生活在其身體死後得以繼續。這種靈魂，實際上就是一種**心智**，它不是一種你可以"擁有" —— 如同你可以擁有一隻疼痛的腳那樣 —— 的東西。靈魂即你所**是**的東西。

在這本書中，我們會看到關於自我的不同觀點。我們的核心問題是：到底甚麼**是**自我？我們會權衡這方面的最新論點，即人類擁有一個能從他們的身體分離出去的自我。它不是靈魂**本身**，而是一個能夠承載我們心智狀態及能力，也能夠在我們肉體消亡之後繼續存在的自我。這一學說認為，我們從本質上說是心智的存在者，並不受制於某個特定的人的身體。這一觀點在哲學和神學中，歷史悠久、影響深遠。在本書中，我們將對認為我們真的就是這類存在者的純粹哲學主張進行評價。

關於自我本質的討論不僅有着抽象的重要性，對自我的理解，對於我們如何生活、如何與他人以及我們周圍的世界相處，都有重大意義。如果我們本質上可以與我們的身體相分離，那麼，隨着電腦技術的發展、神經系統科學和醫學的進步，這種分離不用多久就會成為可能。在這種情況下，也用不着多久，我們就需要重新思考與個人相關的法律體系背後的倫理和哲學原理。並且，在更廣泛的意義上，重新評價關於人類可能過上怎樣的生活的種種預設。

為了力圖證明我們**並非**只是我們的軀體，哲學家會採用有關精神東西和物質東西之本質的一些深奧的、形而上學的學說。我們也會談到其中一些學說，但我們的其他觀點則源於並不那麼玄奧的考慮。

我們很多人都在電影裏看過這樣的故事，科技的發展讓人可以從一個身體轉移到另一個身體去。在典型的"換身"（body-swap）情節中，一個大腦掃描器會把所有的心理狀態（例如記憶、信仰、性格特徵之類）從一個大腦遷移到另一個大腦去。同樣，我們很多人也看到過空間傳送的情節，就像在科幻電視劇《星際迷航》(*Star Trek*) 中那樣，人可以通過"光束傳送"，從一個地方被傳送到另一個地方。在這種空間傳送中，被傳送的人的軀體往往會被複製，然後再被毀滅，而後在另一個地點用新物質再造一個身體。

目前，這樣的技術的確還不存在，你也可以懷疑它們永遠都不可能存在。但在某些哲學家的眼裏，這一點並不重要。如果你和當前的身體是同一個東西，那麼你和你當前的身體永遠都不會分開。我們能夠想像自己以這類方式被傳輸，這一事實表明，這些過程或許保存了對我們自己的存活來說所有根本的東西。由於在心智轉移和空間傳送中，我們都離開了自己的軀體，因此，我們應該推斷，我們真的是可以與自己原來的軀體相分離的。而且，仔細思考一下這些傳送過程到底保留了甚麼，我們就可以區分出對我們的存在來說最為不可或缺的那些特徵。

這一論證思路在關於自我的哲學討論中非常突出。其實，持這種觀點的人的目的，是希望通過訴諸可能的、或可設想的移運人的方式，把我們從軀體的桎梏中解放出來。這種策略是否能夠成功，並且，如果成功了，它傳送的是甚麼類型的自我，這些都是我們將要探討的話題。

我們的研究應當從哪裏開始呢？顯然，自我是有意識的，至少他們醒着的時候是有意識的。無論其他，他們首先是能夠知覺周遭環境的東西 —— 通過視覺、聽覺和觸覺 —— 他們有着身體感覺、進行着思考、作着決定、回憶着他們過去的經歷、經受着他們情緒和感情的變化。這裏只是列舉了有意識的經驗的某些形式。我們大多數人都足夠幸運，每天都會感受到這些有意識的經驗。然而，儘管意識是這個世界上最為常見的東西，也是自我這個概念中最為核心的東西，但在某些方面，它卻是一個非常讓人困惑的、頗多爭議的現象。

最核心的難題並非意識是甚麼樣子 —— 關於有意識是甚麼樣子的，我們多少都會有所瞭解 —— 最核心的難題在於意識與意識之外的世界，以及更具體的，意識與我們的大腦之間有甚麼關係。意識是一種以品質、磁力，或者電力的形式存在的生理現象嗎？還是説，它是一種另外的、根本上非物理的現象？這就是眾所周知的“意識問題”，它在近年的討論中顯得愈發重要：在過去幾十年裏，從心理學到神經科學，從量子理論到當代藝術和舞蹈，還有哲學，許多學科都對意識問題有着極大的興趣。對意識進行科學探究，肯定會遇到很大的困難。科學之所以發展，是因為科學限定自己的研究對象是客觀的、可公開觀察到的現象，例如星球的運行。然而意識是主觀的：唯一能夠直接感受你的經驗是甚麼樣的人，就是**你**。儘管如此，只有在我們對意識有科學的理解時，我們才會對我們自己以及這個更廣闊的宇宙有一個更全面的科學理解。所有人都知道，這樣的理解並不是唾手可得的，但我們也都認為，這是一個刻不容緩的任務。

我們將會討論，為甚麼意識問題是如此的困難 —— 這個問題的答案很大程度上與科學革命期間的那種對物質世界的構想有關（此構想今天還為我們所持有）。我們也會討論目前關於物質世界和意識之間關係的最精闢思考，這些也正是意識問題最有希望的**解決之道**。最終看來，關於自我的本質、自我和更廣大世界之間的關係以及自我能夠承受的變化類型，這些解決之道有着非一般的啟示。

人們常説，相信我們有不死靈魂的最深層的 —— 如果（可能）不是最有價值的 —— 動機，就是逃脱死亡。多得電腦技術迅速發展，有些技術樂觀主義者認為，不用多少時日，我們就能夠把自己"上傳"到電腦維持的虛擬天堂，在那裏享受某種近似的不朽。我們也會審視這些説法，也會考慮，對自我之本質的不同構想對於此類希望會有怎樣的影響。

這些虛擬世界也有可能會影響到"**我們**"作為物件嗎？假設技術樂觀主義者是正確的，將來的電腦不但能夠產生虛擬世界，其中生活着完全有意識的虛擬居民，而且電腦不用費多大力氣和成本，就可以創造並維持大量這樣的世界，裏面住着大量這樣的居民。如果是這樣，那麼，很有可能由電腦產生的自我的總數，將會遠遠超出**非**電腦產生的自我的總數。在這樣的情況下，很有可能我們也生活在由電腦維持的虛擬世界中。這真是我們應該擔憂的事情嗎？甚至這樣的假設有沒有意義？我們會梳理這些問題，也會得出一些出人意料的結論。

退一步講，值得注意的是，存在着某個類似傳統所構想的自我的東西 —— 一個根本上精神性的東西，它在原則上可以與其軀體相分離 —— 這一説法在當代的某些知識分子圈子裏被廣泛假定為一派胡言，這些知識分子不顧大多數人是如何看待自己的。實際上，對傳統所構想的自我放逐，有時候被視為現代性的一個標誌，而科學和哲學中的發現已經使這種看法無法立足了。不過我認為，上述假定是完全錯誤的，或者，它至少太過簡單化了。一方面，雖然我們的自我、我們的意識和實在的其他部分之間的關係，還有許多有待發現 —— 並且我們還不能夠確定，隨着技術的發展，未來會帶來甚麼 —— 但正如我希望證明的，我們知識中的空缺並不意味着我們不能夠取得寶貴的進展，也不意味着探究本身會一無所獲。我們最重要的收穫，乃是對我的一個與現代科學的進展完全相容、完全連貫的構想，我們把自我構想為一個統一的、有意識的主體。

但是，我們不必走到太遠。我們的探討首先將聚焦於一個乍看起來更加平常的話題。如果假定你存在着，那麼你能夠進行哪些類型的旅行呢？你能夠選擇甚麼交通方式呢？你能經受甚麼樣的運動或是空間轉換而存活下來呢？我已經說過，與旅行相關的這些問題和"我是甚麼？"這個問題有着密切的關聯。當我們更加深入地探討其間的關聯時，還會發現，就運輸而言，存在着一些極其重要的問題，對於它們，物理學（化學、或生物學）都無法給予解答，只有**形而上學**才能夠。

第1章　夢和終點

　　歐盟已經在審核一份提案的草案。該提案是關於用氫氣做原料的超音速飛機 A2，這種飛機只需要四個半小時就可以將乘客從布魯塞爾送到悉尼，而現有的飛機要完成這段航程，需要整整一天。這聽上去似乎相當了不起，然而，即便是最高速度達到每小時 4,000 英里，依然存在很大的提速空間。是否可能建成一個機器，能讓我們只需要半個小時，就可以從布魯塞爾到悉尼呢？或者半分鐘？音速是每秒 343 米，或者說，差不多每五秒一英里。光速是每秒 30 萬千米，或每秒 186,000 英里。如果科學家沒說錯，任何物體的運動速度都不可能比光速快，那麼我們到底能夠多大程度上接近光速呢？暫不考慮速度，設想中的 A2 噪音還非常大 —— 只有在人跡罕至的極地上空，它才能夠以最高速度飛行 —— 更糟糕的是，它沒有任何窗戶。顯然，我們還可以做得更好些，但是究竟能有多好？是否存在**理想的**交通方式？

比快更快

有時候，理想的交通方式是坐船在泰晤士河上順流而下，或是悠閒地漫步、騎自行車，在一個晴朗的夏日這樣做，就更美好了。但是，讓我們假定我們追求的是**速度**。因此，我們想要最快的，甚至是暫態的交通方式，同時也需要這一交通方式便宜、可靠，並且安全。這就讓我們想到了一種被稱為**空間傳送**（teleportation）的交通方式。

科學家已經提出了幾種實施空間傳送的方式，它們的可信度不盡相同。其中一個方法的可信度尤其高，也更有可能是一個行得通的做法，因此它得到了科學家、未來學家，以及哲學家的廣泛討論。這種空間傳送的過程可分為四個階段：

1. 首先進入一個空間傳送艙，你的身體會經過一次高速而細緻的掃描。掃描得出的資料會安全地儲存在一台電腦上。

2. 然後，你的身體就被無痛毀滅。產生的物質以及能量都會得到安全妥善的處理（它們不會被送去任何地方）。

3. 掃描得出的資料通過無線電波、鐳射光束或類似的信號傳送方式，被傳到指定的目的地。

4. 資料到達之後，這些資訊被輸入一個先進的 3D 生物印表機，它會在空間瞬間傳送的 "接收" 艙中，（立刻）創造出與你原先的、出發那一刻完全相同的身體的複製品。原先那個人和這個新造出來的複製品之間，看不出任何生理或心理的差別。

然後，你跨出艙門，就像之前的你一樣，似乎甚麼也不曾發生過。

這個故事大致就是這樣。

這個過程往往被稱為 "訊息的空間傳送"（informational teleportation），因為只有資訊 —— 即用以複製你的那些編碼資料格式 —— 發生了空間轉移。你的身體（別忘了這個）一開始就被毀滅了，產生的廢物和能量都不會被保存下來，也不會被傳送到任何地方去。你新的身體是由儲存在 "接收" 艙中的全新材料構建而成的。這種訊息的空間傳送就是我們接下來將要關注的類型（儘管我們不會完全忽視其他形式的空間傳送方式）。資訊式空間傳送不一定是轉瞬之間的，然而大致也相去不遠。以光速旅行，只需幾秒的傳送時間，已經足以把你送到百萬英里以外。不消一秒，你就可以橫跨整個大西洋。

人體掃描如果足夠細緻，以至於能夠建構出一個（近乎）

完全一致的複製品，就會包括非常大量的資料 —— 按照當前的標準來說是極其龐大的，然而我們可以推斷，未來的電腦技術還是可以處理這些資料的。這些資料的傳輸完全可能像今天組成網際網路的資料一樣：通過光纜以光脈衝的方式傳輸。正如安德魯・布盧姆（Andrew Blum）這位作家所描述的，網際網路是：

> 無處不在的……是一系列的管道。在海底，有連通倫敦和紐約的管道。有連接谷歌和臉書的管道。大樓裏面裝滿了管道，數百萬英里的公路和鐵軌旁邊的地裏，埋着管道。你在網路上所做的一切，都通過管道旅行。那些管道裏面（絕大多數情況下），是玻璃纖維。那些纖維裏面，是光。越來越多的時候，編碼在那光裏的，是**我們**。（Blum 2012: Prologue）

如果以光為基礎的空間傳送技術成為了現實，那實際上就會是**我們**，暫時地被編碼在光的脈衝裏面，以光速從一個地方閃到另一個地方。這樣的話，空間傳送時代的管道旅行和二十一世紀初期的管道旅行就會大不相同了。[1]

1　管道旅行（tube travel）在二十一世紀主要指的是乘坐地鐵。

但是這真的可能嗎？

你大概覺得，説得婉轉些，這一切還是帶着幻想的色彩。然而，對此有悲觀主義傾向的人們應牢記亞瑟 .C. 克拉克（Arthur C. Clarke）[2] 的觀點，就是足夠發達的技術和魔法之間並無區別。[3] 幾十年以前，任何與如今的網際網路相似的概念，看起來似乎都是不可思議的，更別説可以用現代智慧手機這麼小的設備上網了。這是個清晰而尖鋭的教訓：低估科技發展速度之快的後果，是很危險的。

有些人會認為空間傳送旅行的想法，不但前景令人振奮，而且相對廉價航空而言，自然是個改善。然而，對於這些人而言，還有第二個更大的顧慮。即便空間傳送在技術上是可能的，我們自己是否能在這個過程中活下來？換句話説，如果你想要用這樣的方式旅行，那個在目的地的小隔離艙中出現的人是**你**，還是只不過是和你非常相似的完全另一個人？

2　亞瑟 .C. 克拉克是英國著名科幻作家，同時也是一位著名的科學家，以及國際通訊衛星的奠基人。

3　事實上，這是克拉克在 1962 年的《預言的危害：想像力的失敗》（"Hazards of Prophecy: The Failure of Imagination"）一文中提出的三個 "法則" 裏邊的最後一個。第一個法則是："如果一個卓越而年長的科學家説，某樣事情是可能的，幾乎可以肯定他是對的。當他説，某件事情是不可能的，很有可能他是錯的。" 他的第二條法則是："找出可能性限度的唯一方法，就是比它們走得更遠些，進入不可能的領域。"

在多數有空間傳送情節的小說中（以及在所有的電子遊戲中），只是簡單設定了我們可以在這一過程中活下來。我們不願打斷這麼充滿希望的故事情節，很多人，至少一開始的時候，並不會停下來思考事實是否確實如此。然而，我們知道，講故事的人所設定的，可以很容易被證偽。比如，想一想那許多傳説，關於預知未來的水晶球，高智商的會說話的馬，或是把孩子變成癩蛤蟆的巫婆 —— 再或者，能改變過去的時間旅行者。

從物理學到形而上學

並非故事裏發生的每件事情都可能發生，因此，我們如果僅僅因為空間傳送在遊戲或電影中看起來運作自如，就斷定空間傳送是真正可能的 —— 是一種使人發生**移動**而不會**殺死**他們的方式 —— 那我們就大錯特錯了。我們想要弄明白的是，那個從空間傳送艙裏走出來的人，是不是真的是**你**，還是僅僅是你的複製品 —— 也就是另一個人，一個新創造出來的人，這個人恰巧和你非常相似。

空間傳送到底是否是個可存活的過程，最終取決於我們是**哪一類事物**。關於自我的哲學探索恰恰就是試圖要回答這個問題，因此在這方面，哲學家應該會給我們以啟發。事實上他們的確也做到了。

讓我們暫且不考慮我們也許具備非物質的靈魂，假定我們是完全物質的存在，並在這一假定的基礎上展開思考。有一種哲學思想，叫做**動物主義**（animalism），它認為我們不過是屬於智人這一物種的生物體罷了。如果我們只是這類平常的物體，那麼這一點對空間傳送的可存活性（或不可存活性）意味着甚麼？

假如你可以把一隻貓的組成原子全部扯開來，分散到四面八方去，你可以完全確定一點：這隻貓不會活下來了。桌子、椅子或者其他中等大小的物體都和貓一樣：它們不可能經歷完全的物理消亡而存活下來。因此，貓和椅子都不可能通過資訊式空間傳送的方式，從一個地點移動到另一個地點。畢竟，在空間傳送過程中發生的第一件事情，就是置於傳送艙中的物體的解構 —— 完全的徹底的毀滅。得到的原子核能量不會被發送到任何地方去，傳送出去的是掃描過程中得到的資訊 —— 而原先的原子只不過是被分解了。如果我們小心地將一隻貓放在傳送艙中，牠不一會兒就消失了，而在線路另一端的艙中出現的貓顯然**不是**我們一開始見到的那個動物。這隻貓充其量是用新原料製成的，是原先那個動物的複製品。如果是這樣，那麼資訊式空間傳送就不是能夠安全移動實物的方式，它只是更加類似傳真的一種傳送資料模式的方式，其目的在於創造出複製品。

如果貓無法在空間傳送過程中存活，並且，如果我們和貓是同類物，即生物體，那麼我們也無法在空間傳送過程中存活下來。因此，如果動物主義是正確的，想要用空間傳送的方式來旅行的嘗試，無疑是極有勇無謀的，因為結果將是致命的。然而，關於我們是甚麼，動物主義絕非唯一的哲學觀點。還有許多與之不同的觀點，其中一些，對空間傳送旅行更為有利。

德萊克・帕菲特（Derek Parfit）在 1984 年出版的《理與人》（*Reasons and Persons*）是近年來關於自我本質的最有影響力的哲學著作。在這本書中，為了能讓我們明白自己是甚麼樣的事物，作者提出了一個假想的情境。這個情境一開始是這樣的：

> 我進入了空間傳送機。我曾經去過火星，但用的是傳統的方式，坐太空船花了好幾個星期的時間。這部機器會將我用光速傳送出去。我只需要按一下這個綠色的按鈕。和別人一樣，我很緊張。這行得通嗎？我想起了那些人家告訴我即將會發生的事情。當我按下這個按鈕，我將會失去知覺，然後似乎片刻之後就會醒來。其實，我將會失去知覺半小時左右。地球這裏的掃描器會分解我的大腦和身體，同時記錄下我所有細胞的準確狀態，然後會將這些資訊通過無線電波傳送出去。這些資訊以光速傳遞，需要三分鐘左右到達火星上的複製器，並會用新的物質創造出和我原先一樣的大腦和身體。這

將是我醒來以後的身體。

　　儘管我相信這就是接下來會發生的事情，我還是
猶豫了。可是那時候，我想起了昨天早餐時，我吐露自
己的緊張心情之後，我妻子的笑容。她提醒我，她經歷
過多次空間傳送，她也沒出現甚麼問題。我按下了按
鈕。和預期的一樣，我失去了知覺，似乎片刻之後又甦
醒過來，但是在一個不同的小空間裏。檢查我的新身
體，我找不到任何改變。即便是今天早上剃鬚的時候，
不小心割到上嘴唇留下的傷口，也依然在那裏。（Parfit
1984:201）

這裏所呈現的空間傳送過程是可存活的：進入地球傳送艙的
是帕菲特，在另一端複製艙中出現的也是帕菲特。這一段文
章也闡明了這種交通方式的一個重大含義。在傳送過程中，
帕菲特把原先自己的身體留在了地球，幾分鐘之後在火星的
一個新的身體上恢復了意識。如果像帕菲特堅持的那樣，空
間傳送的過程是可存活的，那就是說，我們不用冒着失去生
命的風險，就可以從一個身體移到另一個身體。

　　帕菲特認為空間傳送是可存活的，這一觀點基於他關
於人類持存條件（persistence-conditions）的著名論述。在
帕菲特看來，我們的個人生存需要某種**心智連續性**（mental
continuity），關鍵的是，在資訊式空間傳遞過程中，這樣的

延續性可以得到保留。並且，這種心智延續性不要求我們一定要有非物質的靈魂，或任何其他神奇的、超凡的特質。

帕菲特對自我的描述，屬於十七世紀英國哲學家約翰・洛克（John Locke）所開啟的傳統。在發展自己的獨到觀點時，洛克批評了另一個重要的思想家 —— 法國哲學家勒內・笛卡兒（René Descartes）—— 對自我的論述。事實上，三個半世紀以前，"笛卡兒式"的心智和自我構想得到了詳細的說明，此後這些概念一直是相關哲學討論的核心。對於"我們是甚麼"這一問題，笛卡兒的回答是"我們是非物質的心智"。這裏，**非物質**（immaterial）意為"不是物質世界的一部分"，而並不是說"與物質世界無關"。如果我們是非物質存在者，那麼我們沒有任何物質的組成成分，也不會在物理空間中存在。我們擁有存在於物理空間的身體，但是我們並非等同於我們的身體。

儘管如今的哲學家幾乎沒有人認為這樣的看法是完全正確的，然而，幾乎也沒有人會否認笛卡兒思考方式的威力和吸引力，或是笛卡兒對當前論爭的持續影響。下一章，我們會思考笛卡兒學說中和當代相關的那些部分。

第 2 章　通往現代靈魂之路

　　非物質的靈魂是流行了上百年的觀點 —— 毫無意外，它為許多宗教所承諾的天堂裏的永生提供了可行之道。如果你在身體的死亡和毀滅之後，依舊存活下去，那麼當你是一個和你的身體不一樣的實體，事情就會簡單得多了。靈魂完全符合這個要求。然而，如果將這些如意算盤和宗教考量都置於一旁，還有甚麼理由能讓我們認為，我們是非物質的實體呢？

　　在現代哲學產生的萌芽期（大致涵蓋了十五世紀到十八世紀這段時間），勒內・笛卡兒（René Descartes）提出了關於自我非物質性的最有力、影響最大的哲學論斷。事實上，笛卡兒常常被稱為現代哲學之父。如果說，自我是（物質的或非物質的）心智這一思想在當代哲學裏邊是司空見慣的，那主要是因為，笛卡兒為對自我作如是觀提出了強而有力的理由。

笛卡兒之所以將自我從物質世界區分開去，是出於非常強烈的理由——比人們通常認識到的更甚——而這些理由到如今還相當有力。儘管大多數當代哲學家反對笛卡兒的身心二元對立的觀點，但是他們大多會同意，笛卡兒提出的關於擁有有意識智慧的存在者**如何**成為物質世界的一部分這一問題，至今尚未得到解決。

惡魔和缸

關於笛卡兒，也許最廣為人知的是他在《第一哲學沉思錄》(*Meditations on First Philosophy*，1641)中提出的思想實驗。所有哲學專業的學生對這個實驗都非常熟悉——這很有可能是他們被要求閱讀的第一篇文章。笛卡兒請我們設想一個極端的場景，即我們的經驗並非像我們通常以為的那樣，來自於和外界的感官接觸。而現在，假設我們的經驗都完全被一個強大而歹毒的惡魔控制着，這個惡魔誤導我們，讓我們無法瞭解自己的實際狀態。結果，在我們經驗中呈現出來的這個世界，只不過是這個惡魔製造出來的幻象而已。這個假說的現代版本中，有許多故事講的就是丟失了的大腦，你被還原到缸中之腦的狀態，是一個完全沒有覺察到自己真實狀態的大腦，因為瘋狂的科學家們對你的感官神經進行着電子刺激，為你提供了一個正常身體及環境的幻覺經驗。電影《駭客帝國》(*The Matrix*)描繪的就是與這一場景基本類似的一種情況。

笛卡兒提出的挑戰非常簡單：你能證明你目前的經驗不是這樣的惡魔製造出來的嗎？

證明這一點可不容易。是的，你能看見你面前的牆壁，你能伸手觸摸並非常確信地感受到它的堅硬，然而根據笛卡兒另外的假說，這些經驗也都是惡魔製造出來的經驗之一，因此不足為信。當你看着鏡子，看見鏡中人也在看着你，你無法斷定你**是**人，因為這些經驗也是惡魔製造出來的。並且，你的確也不只是**看見**你的身體，你還可以**感受**自己的身體：你可以用雙手撫摸四肢，用手指觸摸臉龐。然而這也沒有用：所有**這**一切感受也都是惡魔製造出來的。

除非你能想到一個強大的理由，足以說明為甚麼這一懷疑主義者的論點站不住腳，否則你連自己是否有一個身體都沒法確定。你有可能是一個徹底非物質的東西——在你目前的狀態中，你根本無法理解這個東西的本質，而這個東西只不過是恰好在幻想着它具備人的形態。

惡魔思想實驗的真正目的，並不是要對建立一個比我們目前所見過的更徹底的懷疑論：完全不是這樣的。笛卡兒在《沉思錄》中說明，自己是為了將我們**確實**知道的和我們只不過**以為**自己知道的區分開來，希望借此在更加堅實的基礎上，重建我們的知識結構。

主體和外觀

笛卡兒認為，除非你能夠排除這樣的可能，即你的經驗並非以錯誤的、有誤導性的方式產生，否則你就無法肯定現實確實就是經驗所表現的那樣。你看上去手裏有杯咖啡，但是你也無法肯定你確實手裏就有杯咖啡。

雖然如此，笛卡兒認為有一件事你是可以肯定的：那就是你現在正經歷着當下這些想法和經驗。因此就有了他的名言："Cogito, ergo sum"，"我思故我在"（I think, therefore I am）。這其中的含義是，無論事物的真相是甚麼，無論你是否被一個惡魔控制或者是否是一個缸中之腦，既然你正在思考着這些想法（或者正在讀這些文字），你就至少可以肯定你存在着，你當下具有這些經驗和想法，即便你並不真的確定無疑地知道你到底身處何處，甚至你到底是甚麼。

不僅如此。你還可以肯定關於你自身本質的某些東西。無論你是甚麼 —— 人、外星人、天使、會產生幻覺的自動機器人 —— 你是**能夠**具有經驗的那種東西。換言之，你是一個"有意識的主體"（conscious subject）。這一點看上去似乎沒甚麼了不起，然而其實相當重要 —— 笛卡兒相信，這一點就是我們可以依靠的堅實基礎。

笛卡兒的思想實驗也讓我們明白了一些有關我們經驗本

質的東西，這就是，它們的主觀特徵——它們作為經驗看起來所具有的東西——在令人驚異的程度上獨立於外部世界中發生的事情。你也許以為，只有當你真正看到紅玫瑰的時候，你才會有那種看見一朵鮮豔紅玫瑰的經驗，因此，只有紅玫瑰存在，這類經驗才可能存在。當然，任何人如果在現實生活中曾幻想過見到一朵紅玫瑰，或者任何類似的物體，都不需要笛卡兒來告訴他們，這樣的想法是不正確的。笛卡兒的觀點讓我們明白的是，我們**所有**經驗的本質，都同樣獨立於外部現實。

完全符合現實的幻象是可能的，基於這一事實可以推斷，我們的感性經驗只不過是關於現實的並不可靠的指引。那麼，是否單憑這一事實也可以推斷，經驗本身的本質不可能是物質性的呢？不能。笛卡兒並沒有這樣推斷。他斷定的是，要充分瞭解物質和經驗之間的關係，我們必須理解兩者的真實本質。正如我們接下來會看到，笛卡兒關於心智不可能是物質性的論斷，最終是基於他對物質世界的本質理解上的。

科學革命者們

在笛卡兒的年代，科學和哲學（或者哲學和神學）之間的界限還未劃分得一清二楚。笛卡兒對我們目前稱之為科學的領域作出了更為偉大的貢獻，而非哲學、神學或是其他領域。他研究了光學——他發現了光的折射定律——以及運動物體的物理學。現代形式的慣性原理也要歸功於笛卡兒的發現。但是笛卡兒的興趣並不局限於物理科學。他也在數學領域作出了突破性工作。他找到了將幾何與代數聯繫起來的一種方式：在還沒有接觸到他的哲學以前，我們大多數人在學校裏早就學過"笛卡兒坐標"（Cartesian coordinates）。

笛卡兒是眾多相當有影響力的思想家中的一員，他和哥白尼、開普勒、布拉赫、伽利略、帕斯卡、托里拆利、惠更斯、胡克、萊布尼茲和牛頓一道，發起了後來被稱為科學革命（Scientific Revolution）的運動。"革命"的標籤之所以恰如其分，不僅因為當時他們提出了完全嶄新的理論，更在於這些思想家們對過去的態度。

在科學革命之前的階段，西方對於自然世界的主導思考方式被稱為"經院"科學，那是一種精緻的（也是基督教化的）思維方式，源自 1,800 年以前，西元前四世紀的時候，柏拉圖最出名的學生、亞歷山大大帝的老師、雅典呂克昂學園的創辦者亞里士多德。

對亞里士多德而言，宇宙大致就是它呈現給我們的樣子。地球完全靜止不動，坐落在宇宙中心，太陽、星辰，以及行星都圍繞地球轉動。最基本的物質是四大元素（土、火、水、氣）和物質實體，物質實體主要的例子就是生物體：貓、狗、馬、魚、樹，諸如此類。任何物質實體都是由物質的材料組成的，但是除此之外，它們有天壤之別：貓和魚完全不一樣，魚和樹完全不一樣，樹又和大塊岩石完全不一樣。是甚麼造成了這些區別？

亞里士多德認為，所有物質實體都是**形式 - 質料的**（hylomorphic），也就是基本的物質材料和所謂"實體性的形式"（substantial forms）的結合。一隻狗和一棵橡樹都是由物質材料，即四大元素的不同比例組合構成。然而它們之間最關鍵的區別在於積極的組織原則，也就是"**形式**"。"形式"使得這些組成成分充滿生氣，並賦予它們獨有的特性。單獨來看，基本（或者最初的）物質完全是惰性的，無法構成任何有趣的實物。只有當它被注入（或者擁有了）某種統領的形式，它才能構成我們所熟悉的種種事物。自然界中的萬物均有各自獨特的形式。我們與眾不同，正是憑藉着擁有**"人類形式"**，這一形式保證了我們有與眾不同的智能。

這些理性的人類形式就是經院派學者對靈魂的理解。雖然他們相信在審判日之後，我們的靈魂註定會和我們的身體重聚，經院派學者還是認為我們的靈魂和身體是有可能分開的：當我們死亡的時候，在煉獄這個階段，我們的靈魂可以暫時**不需要**我們的身體。在中世紀的神學圈中，關於一個無體可附的靈魂會過上怎樣的生活，曾掀起過一場相當大的爭論。

到了十五世紀，亞里士多德的學説基本沒有發展。在很多方面，我們關於自然世界的理解在數個世紀裏都沒有發生真正的進步。那些認為激烈進步是可能的人 —— 比如伽利略、開普勒和笛卡兒這樣的革命者 —— 也認為第一個必要的步驟就是對經院科學和形而上學的顛覆。既然這意味着要推翻形質論的系統 —— 正如笛卡兒明確認識到的 —— 我們就需要關於我們自身本質的全新構想。

新的世界觀

正是考慮到這個更廣泛的革命目的，我們注意到伽利略非常了不起地提出，地球雖然看上去靜止不動，但是其實可能是以很高的速度圍繞太陽轉動。他提出了一系列觀點，其中有一點，在一個高速移動的船艙中，乘客在和自己周圍直接環境互動的時候，並不會感覺到船的移動 —— 酒杯裏的酒靜止不動，蠟燭熄滅時的煙垂直升起，蝴蝶可以正常飛來飛去。看起來，運動狀態對於移動中的物體幾乎沒有影響。在更迅捷的交通方式，例如今天的火車和噴氣式客機中，這個現象就更加明顯了。

暫且不説宇宙學。關於地球的本質，以及在地球上會發現甚麼，科學先鋒們也同樣激進。他們大多持"機械論的"（mechanical）或是"宇宙微粒論的"（corpuscularian）的世界觀，根據這樣的世界觀，任何物體的表現都可以通過支配着微小的（看不見的）物質粒子運動和相互作用的原理而得到解釋。在這些科學先鋒們看來，物質性的事物完全由物質組成，物體之所以有它們的表現，完全就是因為支配其構成粒子的物理法則。[1] 在亞里士多德看來一度不可或缺的"形式"，現在被看作是多餘的障礙，妨礙了我們更深入瞭解自然世界的本質。有生命的物體，例如樹和鳥，無論是外觀還是行為模式都完全不同。有生命的物體之間，以及有生命與無生命的物體之間，也有天壤之別。然而，這些區別並非由賦予它們存在的形式造成，而純粹可以依據基本物理成分和自然規律得以解釋。

伽利略和笛卡兒在做出這些論斷的時候，也知道物質在最小的層級上到底如何構成，還有許多有待發現。然而即便如此，這些早期的科學先鋒們信心十足，認為他們的總體規劃就是未來發展的路線。我們現在知道了，他們是對的。[2]

---

1 之所以説這個觀點是"新"的，是因為它與人們普遍接受的經院哲學的構想不同。但是在西方思想中並非沒有這一觀點的先例：古希臘的原子論者也曾贊同相似的理論。

2 毫無疑問，某些領域發生的進步一定會比其他領域的進步更快。牛頓發表於1687 年的《自然哲學的數學原理》（*Principia*）為我們提供了運動定律和萬有引力定律，對於（幾乎）所有的實用意圖而言，這些定律都是足夠的。直到十九世紀，隨着詹姆士·麥克斯韋爾（James Maxwell）的發現，我們又有了恰當的電磁學理論。直到二十世紀，隨着分子生物學的發展，笛卡兒關於生物體不過是（化學）機器的觀點才得到證實 —— 後文很快就會更深入地討論這個話題。

從科學到靈魂

對於機械論世界觀的贊成者而言，所有類型的存在物都**是**機器，這一點是有實際意義的。一個鐘走得有多準，取決於它具備的機械部件，以及這些部件組合得有多好。作為一個業餘活體解剖師，笛卡兒明白一個有生命的動物並非由大小齒輪和彈簧組成。但，一個動物卻完全是由類似較小的物質部分構成的，這個動物能夠如何行動，也完全要看這些部分如何組合在一起。事實上笛卡兒認為，動物的身體有可能就像一個液壓系統，由細微管道中流動的液體驅動。

然而，他發現很難理解，用這種物理機制驅動的系統為甚麼會擁有無限的創造力，而這恰恰是真正智慧的標誌——這是人類才具備的那種智慧。經院派學者對此有一個解決方案（或者類似方案的解釋）：我們**並非**只是機器，因為構成我們身體的物質裏，居住着一個理性的靈魂（或者說，一個理性的靈魂擁有這個身體），因此我們**理所當然**就是有智慧的理性生物。然而，有些人採用了機械論的世界觀，否定了具有生命的形式，對他們而言，我們智慧的來源問題依然相當突出。找不到其他的解釋，笛卡兒不得不斷定，我們的智慧不可能居住在**物質的**事物上，因此，我們的心智本身也不可能是物質的。

一個純粹物質的事物（例如人的大腦）如何會擁有智

慧？這個問題還依然揮之不去，因為關於生物的機械論觀點在我們思想中根深蒂固，它是現代生物學和醫學的基礎。但是，笛卡兒還有另一個更好的、更加深刻的理由，説明我們的心智是非物質的。這個理由和智慧無關，而是關於**意識**（consciousness）。

想一想，一塊鐵塊和一粒柳丁的特性。它們有形狀的區別：一個大約是球體，另一個是立方體。還有顏色和質地的區別：鐵塊是銀灰色的、光滑的，柳丁是橙色的，摸起來有些粗糙。當然，它們的重量和硬度也完全不同。科學革命早期的思想者們——例如伽利略、笛卡兒和洛克——有一個影響深遠的洞見，就是有一些特性是物體本身具備的，而還有一些特性，更可能是在知覺這些物體的時候，我們對它們的**反應**的產物。諸如大小、品質和形狀，這些特性是物體本身內在的屬性——無論我們是否在場，是否在知覺這些物體，它們都具備這些屬性——然而，諸如溫度（作為一種感覺特性）、質地（同上）、聲音以及顏色這類特性，則只會作為我們的經驗的某些部分而存在。

為了説明這一點，伽利略讓我們想一想，一根能撓癢的羽毛會帶來的那種癢的感覺，是不是羽毛本身的特性。如果你是用這根羽毛去輕撫一座大理石雕像，會產生癢的感覺麼？當然不會。癢是一種我們皮膚所感受到的刺激，而羽毛只不過具備引發或導致這種癢的感覺的能力。並不是説，羽毛的尖端就帶着癢的感覺，等着我們去感受。雖然沒有那麼明顯，可同樣的道理也適用於顏色。儘管顏色**看上去**位於我們看見的物體的表面，其實，它們只不過作為我們經驗的特徵而存在。顏色只存在於感覺狀態中，顏色的產生是因為光線從物體上折射進入（或是刺激）我們的眼球。

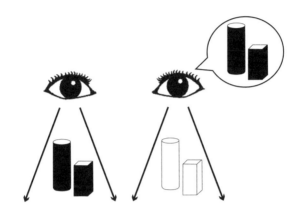

　　左邊是（視）知覺看起來的樣子：我們直接覺察到周圍環境中有顏色的物體。

　　右邊是科學革命之後的視圖。物質並非如其看起來的那樣覆蓋着顏色。我們間接地感知着外界的物體，通過作為中介的視覺圖像——這些圖像**的確**有顏色，但它們存在於我們心智中的。

　　與聲音相關的特性、質感和溫度帶來的感覺，也都是這樣。

約翰・洛克（John Locke）在《人類理解論》（*Essay Concerning Human Understanding*）中，將品質和形狀這樣的特性稱為**第一屬性**（primary properties），而（感受到的）顏色、聲音和質地稱為**第二屬性**（secondary properties）。這兩個表述後來成為標準的術語。物質的事物，就其本身而言，只具備第一屬性。因此，對洛克以及後來許多他的追隨者而言，玫瑰花是紅色的，並非因為它的表面覆蓋了"如我們所知覺到的紅色"（因為事實並非如此）；玫瑰花是紅色的，是因為光線從玫瑰花上反射出來，在作為感知者的人那裏產生的視覺經驗。

現在，我們所知道的聲音、顏色、癢、疼和刺痛，都可以被稱為**現象屬性**（phenomenal properties），或**感質**（qualia）。如今人們通常認為，物質事物的第一屬性除了大小、形狀、品質和動靜之外，還包括電荷、自旋和其他一些特性。但是基本情況大致相同，傳遞的關鍵資訊也一樣：我們通常以為能在外界環境中找到的許多屬性——例如，我們以為在物質事物表面上的顏色——其實只能在我們自己的心智中才能找到。

這一理解事物的全新方式意義重大，笛卡兒是第一個全面理解這一點的人。

假設，如他所言，最基本的物質特性可以被限定為第一

屬性 —— 品質、電荷、形狀、大小、動靜、自旋等 —— 那麼我們會遇到一個非常尷尬的問題：現象的第二屬性如何在這個物質世界立足呢？在哪裏才能找到關於顏色、聲音、溫度、快感和疼痛的經驗呢？既然物質事物所具備的僅僅是第一屬性，那麼構成我們經驗的現象屬性 —— 我們完整的有意識的生命 —— 似乎在這個物質世界中，**根本找不到立足之地**。

你有可能會想："嗯，我們的經驗是我們大腦的特性，大腦畢竟是非常複雜的。"毋庸置疑，我們的大腦是很複雜。但是，和我們身體的其他部分一樣，大腦也完全由相當普通的物質粒子構成。既然這些粒子只具備第一屬性，我們的經驗也就不可能是這些物質事物的屬性。因此，看上去我們別無選擇，只能認定我們的經驗並非是這個物質世界的一部分。

這正是笛卡兒採取的步驟。我們現在就可以理解，笛卡兒這樣做，有非常強大的**科學**理由。

笛卡兒式的靈魂

到目前為止，笛卡兒已經成功證明了**經驗**和任何物質事物都不一樣。要完成這個圖景，僅僅還需要一個元素：我們需要引入這些經驗的**擁有者**或**主體**。

笛卡兒從物體和它們具備的屬性出發，去理解這個世界。普通的物理屬性，例如"重"、或者"平"、或者"凹"，都不可能單獨存在；它們只可能是某個物體的屬性（或狀態）—— 總是**某樣東西**是重的、或者平的、或者凹的（或者三者皆備）。這一點同樣適用於心理層面。個人經驗，例如某個特定的刺痛感、或者悲傷的感覺、看到紅玫瑰的視覺、對某個想法的思考，這些都不是獨立的、無需依附他物、能夠單憑自己存在的。實際上，它們都只能發生在某人或某物上。換言之，它們是某人，也就是它們的主體或擁有人所具備的東西。正如物質事物具備物質屬性一樣，心智事物 —— 也就是笛卡兒所說的心智**實體**（subtances），也會具備心智屬性。

如果經驗不是物質世界的一部分，也不是物質世界的屬性，那麼它們所屬的那些實體也不可能是物質世界的一部分。既然我們知道，我們的經驗屬於我們所有，那麼，顯然的結論就是，**我們**是那些實體。因此，就得出這樣的結論，即我們是非物理或非物質的存在。這些非物質的、心智的實體也就是笛卡兒式的靈魂。既然它們不是這個物質世界的一部分，它們也沒有物質屬性：它們不會佔據空間，它們沒有品質或動能。笛卡兒相信，這些靈魂在性質上是簡單的或不可分的。只有不可再分的粒子才能和我們的意識一樣，以深度而特殊的方式結合起來。笛卡兒的看法大致就是這樣。

這些靈魂具備甚麼樣的心智屬性呢？在"第二個沉思"中，笛卡兒告訴我們，一個思考的實體是"一個會懷疑、理解、肯定、否定、願意、不情願，也會想像，並且有感覺的存在物"。因此，笛卡兒式的靈魂的心智生活並不完全存在於感覺或知覺的經驗中，它們還包括記憶、心智意象、我們思考自身的有意識想法、思考和解決問題的能力、當我們聆聽別人說話或閱讀他們文字的時候理解他們的經驗，以及決策力和意志力。因為具備了這一整套心智屬性和能力，笛卡兒式的靈魂是發展成熟的、當代意義上的**心智**（minds）。的確，笛卡兒也常被認為是將"心智"一詞引入哲學文獻的人。

如果我們將靈魂看作是這類心智，將我們自己看作是這樣的靈魂／心智，那麼至少從原則上說，一個物質軀體的缺席並不會危害一個人在死後享有豐富精神生活的能力。一個人到底會經歷甚麼，要看上帝的意旨；但是，一個人完全有潛能去擁有各種奇妙的思想和經驗，並且可以永遠擁有這一切。隨着笛卡兒觀點的普及，人們需要一個物質軀體去享受來世的看法也失去了吸引力。人們越發相信，他們會在天堂（或是地獄）中，作為非物質的存在而度過他們的時光。當然，我們完全也可能在來世中**看似**具備身體 —— 這是符合《聖經》中某些段落的 —— 但是在笛卡兒以後，人們能夠假設，即便不依託於任何物質實體，我們身體的表像也可以存在。[3]

3　這當然也可能是笛卡兒自己的觀點，即當一個靈魂和身體分開了，它從此就只能夠擁有純粹理智的心智生活。有許多受柏拉圖影響的基督教神學家也持相似的觀

跨世界相互作用

　　儘管笛卡兒認為靈魂是非物質的，但靈魂絕不是與物質世界完全分離、獨立於物質世界的。因為笛卡兒也認為，心智和它們的身體之間會發生因果互動。儘管這會造成一些困難 —— 如我們接下來就會看到的那樣 —— 但這一點也讓笛卡兒的立場更為合理。

　　當我們睜開眼睛的時候，我們所看到的 —— 即我們擁有的視覺經驗 —— 取決於我們眼前的那個世界有些甚麼。知覺經驗即物質世界發生的事情在我們的心智中產生的經驗，是從物質到心智的因果關聯的最主要的例子。但這還不是全部，因為還有從心智到物質的因果關聯：如果你決定要抬起手臂，這個心智事件（一個決定）會導致一個物質事件（你手臂的移動）。假定這個因果關聯是成立的，你就能夠和物質世界相互作用，即便事實上，你的心智（以及你的自我）都在別的地方。

點。不難想像，這種關於來世的抽象構想還並沒有深入人心。（相比而言，古斯塔夫・多雷（Gustave Doré）對但丁（Dante）《神曲》（*Divine Comedy*）的闡明更符合大多數人對天堂的構想。）當然，關於靈魂和來世的這個純粹理智的觀點與笛卡兒自己提出的思想試驗並不完全吻合，這也是事實。在笛卡兒的思想試驗中，我們的心智生活 —— 我們的意識之流 —— 完全照常繼續，所有的感官也依然完整，只是缺少包括大腦在內的物質世界而已。不管怎樣，我們所知道的笛卡兒式的靈魂是非物質的心智，可以享有我們享有的一切經驗，包括感官的和非感官的經驗。

既然你的心智根本就不在任何地方（nowhere at all）（如果笛卡兒是對的），它能夠在物質世界產生變化的能力就是挺了不起的。然而，笛卡兒關於心智和身體如何相互作用的構想，其中某一點看上去完全似曾相識，全然不值一提：

> 　　我進一步注意到，心智並非從身體的其他部位獲得印象，而只是從大腦中獲得……當我感到腳疼的時候，我的物理學知識告訴我這種感覺是通過腳上的神經傳遞出來的，那些神經像線一樣從腳延伸到大腦……（*Discourse on Method*, 1637: 76）

　　這裏，我們看得出笛卡兒關於心智和身體如何相互作用的構想，與當代的觀點大同小異：暫不考慮心智是否就**是**大腦，心智和身體**通過**大腦以及連接大腦和身體其他部位的神經相互作用。笛卡兒更進一步，推斷非物質心智和大腦之間的因果交流發生在松果腺，而松果腺的位置恰恰是處在大腦的中心，並沒有以左右半腦的形式被分成兩部分。事實被證明並非如此——我們現在知道，松果腺並沒有甚麼特別重要的作用——但是在當時看來，這不算是個糟糕的想法。

　　到目前為止，有些人也許會想到這一系列想法中的其中一點：

> 　　我們是非物質的事物，這一觀點非常容易遭到反

對，我們豈非到現在還沒有討論過這個問題？我們的經驗是我們存在於這個世界中，在這個物理空間中，和其他的物質實體一起存在着，這簡直就是顯而易見的。如果我們其實是非物質的居住者，並不存在於這個物質世界中，那麼我們怎麼會有我們現在的這些經驗呢？

然而，二元論者在這裏沒有甚麼好擔心的。我們在序言中遇到的，那個有關失蹤大腦的故事，靈感來自於丹尼特。這個故事形象地說明，真正攜帶或保持我們心智的事物，它的真實位置與我們主觀上**看起來**所處的位置相比，實在是無關緊要的。如果我們經驗的特徵完全正常，那麼，我們看起來就像是處於自己的身體裏，而且更具體地說，就是在我們的腦袋裏，即便產生經驗的事物其實處在別的地方。並且，無論我們所討論的是一個放在遙遠實驗室裏的缸中之腦，還是一個非物質的靈魂，這一點無疑都是成立的。只要大腦（或靈魂）與身體的聯繫能夠讓兩者之間以正常的方式溝通，使得我們的感官經驗和控制身體的能力都不受影響，那麼，我們對自我定位的主觀感覺也就不受影響。

因此，即便看起來很奇怪，要讓我們看起來好像處於一個世界裏，但其實我們並不需要真正**就在**這個世界裏。

笛卡兒關於自我的構想清晰而獨特，對於任何希望在身體死後都還繼續存在的人而言，有着巨大的價值。如果笛卡兒是正確的，你就可能和自己的身體分開，因為這兩者是不同的事物，它們由本質上迥然相異的元素組合而成：你的身體是物質的，但你是一個非物質的心智。要讓你和你的身體分開，並不需要發生甚麼特別神奇的事情：如果連接你和你身體之間的因果關聯斷開了，那麼你和你的身體也就分道揚鑣了。

但是，笛卡兒關於自我如何和他們的身體（以及這個世界）相關聯的看法，是相當激進的。他的心／身二元論有着非常強大的動機 —— 想要理解我們的意識為甚麼可以是物質的，這當然並不容易 —— 但也是相當有爭議的。有沒有辦法可以放鬆自我和身體之間的關係，而並不需要讓我們相信笛卡兒式的二元論呢？有這樣的辦法，我們在下一章就會看到。

第3章 自我的解放

到目前為止，關於"我們是甚麼"這一問題，我們已經遇到了主要回答中的兩種。一種觀點與科學教育的當代常識相關，認為我們是以人類這種特殊動物形式存在的生物體。另一種觀點，也就是笛卡兒和許多近代形而上學者們持有的觀點，認為我們本質上就是我們的心智，而心智是非物質的、和靈魂相似的實體。第三種回答則可以從約翰·洛克（John Locke）提出的理論中找到。

洛克是啟蒙運動和科學革命中最有影響力的人物之一。他對經驗主義的辯護與他在政治哲學方面的工作同樣重要。在政治哲學的領域中，他被認為是現代自由主義的奠基人之一。他反對絕對皇權，主張宗教寬容以及政教分離，在當時那個年代，這些依然被認為是很危險的觀點。湯瑪斯·傑弗遜（Thomas Jefferson）曾寫道："培根、洛克和牛頓……我認為他們三個毫無疑問是歷史上最偉大的人，他們為物理和道德科學提出的上層建築奠定了基礎"。關於自我的話題，洛克也表達過一些非常激進的觀點。

1694 年，洛克出版了《人類理解論》（*Essay Concerning Human Understanding*）的第二版（第一版出版於 1689 年）。在這部已經具備里程碑意義的著作中，他增加了一個關於"同一性和多樣性（Identity and Diversity）"的章節。洛克在這裏的論述，對關於自我的哲學思考產生了革命性的影響。

在這一章中，我們會集中探討洛克關於自我的主要命題，我會說明為甚麼這些命題在當下依然有相關性。[1] 洛克的理論儘管在許多方面都很有說服力，但依然存在問題。正如我們將會看到的，當代最主要的關於自我的論述之一 —— 即"新洛克式"或"心理學的"觀點 —— 也正是為了解決這些問題才應運而生。而且，碰巧的是，心理學的理論對於遠距離傳送是否可存活的問題，似乎也會有些啟發。

---

[1] 一般來說，簡潔在哲學寫作中是個優點，但是這也往往會導致解釋的困難，尤其是當該作品寫於幾百年前的時候。這完全適用於洛克關於自我的論述。正如斯特勞森（Strawson）所引康德的一句話在這裏也適用："對於洛克關於位格同一性的章節，就像我們'對許多書可以說的，如果它不是這麼短的話，它將會更加短得多。'"（Strawson 2011: xiii）

有理性的鸚鵡、吸血鬼，以及友好的外星人

洛克有兩個重要的、影響深遠的洞見。第一個是任何想要瞭解自我的本質的人，如果一味聚焦在人類身上，那麼就忽視了一些關鍵的問題。

想一想科幻作品中人們喜愛的（或者討厭的）非人類角色。從《E.T.》裏的外星人到《機器人總動員》（Wall-E）裏的瓦力，電影中有許多這樣的角色。在《星空奇遇記》（Star Trek）中，也有邏輯極其縝密的瓦肯星人（Vulcans）和機器人指揮官 Data。在《魔戒》（The Lord of the Rings）中，我們會看到像人一樣的精靈和小矮人，但是還有樹精——那是一群有智慧的、能說話（還能移動）的樹。同樣，在許多關於吸血鬼的傳說裏的夜間生物，也都不是人。還有，許多人變成了吸血鬼之後，也不再是人了。

這些角色都只不過是虛構的，儘管如此，他們在哲學意義上依然相當有趣，因為我們會非常容易地——甚至非常自然地——把這些角色當作是人，即使他們明顯不是人類。他們在某些方面可能和我們有很大差別，但是他們也是有意識的生物，用與我們相似的方式體驗着這個世界，有思想、有感情。他們是有智慧的（許多時候比我們聰明），能夠交談、爭論，以及推理。而且，他們顯然有資格成為道德主體。毋庸置疑，在一個非常重要的意義上，這些生物和我們是同一

種類的，雖然在很多方面他們和我們有巨大的差別。

　　洛克看到了這個事實，採用"位格"（person）這個説法去指稱能夠被歸入此範疇的（可能範圍很廣的）存在者譜系。關於非人類的位格，洛克提出的最著名例子就是一隻有理性的鸚鵡，它能夠就一系列話題進行哲學思考，發表睿智見解。這隻鸚鵡當然不屬於人類，但是在洛克的眼中，它毫無疑問地是一個位格。我們也是位格，但瓦肯星人、吸血鬼、精靈和樹精，還有《E.T.》中的外星人、《機器人總動員》裏的瓦力，他們也都是位格。位格是比人類更廣泛的範疇——有人類位格，但是也有非人類位格。或者，用洛克自己的話説，位格是"一個思考着的智慧存在者，具有理性和反思，能夠把它自己認作它自己，同一個在不同的時間和地點思考着的東西；它僅僅是通過與思維密不可分的意識，而做到這一點的。"（*Essay* 2. 27. 9）。

　　對於洛克而言，任何東西只要具備他列出的心智慧力，就可以稱之為位格。這些能力包括：擁有經驗的能力、感受的能力、明智地思考和推理的能力，覺察到自己乃是一個存在了一段時間、擁有過往的有意識主體的能力。或許人類是唯一具備這些心智慧力的存在者，但如果是這樣的話，那我們在宇宙中就是孤零零的——或者至少沒有其他位格與我們相伴。然而，如果在某些遙遠的星球上存在着符合這些條件的外星人——不管他們的外貌以人類的標準衡量有多奇怪

—— 那他們也可以被當作位格。在我們自己的時代，我們不難想像，將來電腦終會擁有位元格所需要的那些特質。

現在，我們瞭解了洛克所說的"位格"是甚麼，然而我們還尚未討論的一個問題就是位格的性質。位格完全是物質的東西，還是物質和非物質部分的結合（這兩部分潛在地是可分離的）？在這個問題上，洛克是個不可知論者。笛卡兒認為，（至少此生）我們是困在物質身體中的非物質的靈魂；而洛克認為，笛卡兒這個觀點很有可能 —— 甚至大有希望 —— 是正確的。然而，洛克對這一觀點並沒有深信不疑。洛克認為，我們關於自身本質以及這個物質世界的認識都是相當有限的，因此，他願意接受以下的思想，即物質只要以恰當的方式組織起來，也可以具備意識的能力。或者，用洛克自己的話說，以下假定並無矛盾之處：上帝能夠"造就某些無感覺的物質系統，按他認為合適的方式擺置它們，賦予它們某種程度的感覺、知覺和思想，如果他願意這麼做的話"（*Essay* 4.3.6）。

洛克願意考慮思考着的物質（thinking matter）這種可能性，對此，許多和洛克同時代的人大驚失色。但是人們後來才發現，洛克的想法是有遠見的。

位格同一性

　　洛克對植物和動物的同一性的構想與當代的構想非常相似：植物和動物都是動態的、自組織着的物質微粒系統。造成一棵蘋果樹和一隻老虎之間差異的，乃是構成它們的粒子組織起來的特定**方式**。洛克追隨伽利略、笛卡兒以及其他的科學革命者們，反對亞里士多德和中世紀經院派哲學家所提出的實體性形式（substantial forms）。洛克非常有說服力地提出了位元格這一新的實體範疇，但是，他所說的"位格"的同一性，我們該作何理解呢？

　　近年來，我們思索的問題是眾所周知的"歷時的位格同一性"（personal identity over time）問題，或者簡單地說，就是"位格同一性"問題。更概括、更精確地說，這個問題如下：

　　　　如果在 t_1 時刻的位格 P_1 與在 t_2 時刻的位格 P_2 是號數上同一的，那麼 P_1 和 P_2 之間是如何必定相關聯的？

　　這裏，"號數上同一的"（numerically identical）指的是同一個實體（one and the same entity）。這個意義上的同一性與通常所說的"質性同一性"（qualitative identity）不同，雖然它常常被稱作後一種同一性。兩個物體如果無法被區分開來，也就是說它們擁有完全相同的屬性，那它們就是質性上同一的。由於大多數物體隨着時間的流逝，其屬性會發生改變——我們當然也會這樣——因此，這些號數上同一的東西通常遲早會在質性上不同一。

現在，如果你相信你是一個人類動物，如果某個未來的位格會成為你，那這個位格和你必定是在號數上同一的動物。如果你相信你是非物質的靈魂，如果你在未來的某個時段會繼續存在，那麼必定會存在於那個時段的，乃是與你目前的靈魂在號數上同一的一個靈魂。洛克並沒有絕對地否定非物質靈魂的存在，並且，他也相信人類這種動物的存在，但關鍵在於，洛克的所見超越了對位格同一性的這兩種説明。

簡而言之，洛克的觀點是，一個先前的位格和一個後來的位格若要是同一個位格，那後來的位格與先前的位格就必須是**心智上連續的**（mentally continuous）。或者，用一個稍有不同的話説，它們必須共用同樣的**心智生活**（mental life）。無論發生了其他甚麼事情，心智的連續性構成了位格的相同。

這裏所説的"無論發生了其他甚麼事情"，必須完全按照字面的意思去理解。洛克堅信，如果你的心智生活延續着，在延續的時候它是通過一系列不同的物質存在者的相繼而得以維繫的，那麼，在這種情況下你的同一性完全沒有受損；它絲毫不受影響，也完全未被削弱。他用了許多思想實驗來支持這一觀點。最著名的例子或許就是關於一個出身高貴的王子和一個貧賤的修鞋匠。假設有一天，由於某種魔法或者不可思議的力量介入，這兩人各自獨有的心理特徵互換了。結果，在修鞋匠的村舍裏醒來的那個位格（還有那個身體），擁有王子的所有記憶：他相信自己是王子。當他看鏡子的時候，會被自己的外貌嚇一跳，並且會奇怪自己到底如何會來到這個完全陌生的小房子裏。與此同時，在王子的臥室裏醒來的那個人，也同樣目瞪口呆地發現自己身處完全陌生的環境，還有一個完全陌生的身體。這兩個人互換了身體，這難道不是顯而易見的？對洛克而言，這就是顯而易見的。

洛克所說的王子 —— 修鞋匠的故事，就是心智傳送或者是身體互換場景的一個早期版本。從諸如《時空怪客》（Quantum Leap）、《全面回憶》（Total Recall）、《阿凡達》（Avatar）等大量此類科幻小說、電影和電視節目中，我們許多人對這樣的場景已經相當熟悉了。

從靈魂解放出來

洛克所提到關於是甚麼導致了位格同一性的說明產生了相當激進的後果。請記住，洛克這裏的核心論點是：心智的連續性導致了位格的同一性，無論發生了其他甚麼事情。如果我們可以設想同一個心智生活 —— 因而也就是同一個位格

—— 通過一系列不同的物質實體（physical substance）來維繫，那麼我們難道就不能也設想同一個心智生活可以通過一系列不同的**心智實體**（mental substance）來維繫嗎？洛克認為，這兩種情況同樣都是可設想的。身體互換是可能的，靈魂互換亦然。

就洛克而言，我們對非物質的靈魂所知甚少，以至於任何人若要論證我們的心智生活**是**束縛在一個單一靈魂上的，都會處於非常不利的位置。因此他提出了挑戰：任何人，如果認為我們有意識的心智生活發生在非物質的靈魂實體中，就"必須要表明，為甚麼位格同一性在非物質實體的變化中或多樣化中不能夠如同動物的同一性在物質實體的變化中那般同樣地得到保持"（Essay 2. 27. 12）。洛克相信，要證明這一點是不太可能的，許多後來的哲學家 —— 如著名的且影響深遠的伊曼努爾‧康德（Immanuel Kant）—— 都得出了結論，認為洛克的看法是正確的。

洛克之所以提出獨立於實體 —— 以及靈魂 —— 的進路來解釋自我，是因為他堅信，自己提出的這一解釋，比其他的解釋更為合理和可信。在這一點上，我認為洛克是對的。但是，我們知道，他的動機也有部分宗教的考慮。許多基督教派認為，在審判日（the Day of Judgment）（洛克本人將這一天稱為"偉大的日子，在此所有心靈的秘密都將敞開"），死者的靈魂會與他們的身體重新合而為一。但這引起了一些尷尬的問題。如果我們的身體是由不斷變化的大量原子構成，那麼上帝會用哪些原子去再造我們的身體呢？要是某些原子已經構成**另一個人身體**的一部分，無法再被使用，那又會怎樣？鑒於這些難解的問題，無需同一個物質身體的位格同一性的說明有着明顯的優勢。

除這一點之外，令我們特別感興趣的是，洛克是如何做到在對“我們是甚麼”給出一個肯定性説明的同時，又在其他許多基本的形而上學的議題上保持不可知論的。意識在性質上到底是物質的還是非物質的？如果意識是非物質的，那它是居於非物質實體中，還是並非如此呢？就洛克而言，這些問題的答案完全不會影響我們如何回答“位格是甚麼？”這個問題，以及“在甚麼條件下，先前和後來的位格是同一個位格？”這個問題。正如我們已經看到的，對洛克而言，位格是一個有理性的、有自我意識的存在者，無關乎它是由甚麼構成的；只要先前和後來的位格在心智上是連續的，那它們就是號數上同一的。

能夠解決位格同一性的問題，同時又在意識與物理世界的關係上保持中立，這是一個令人印象深刻的、極有價值的功績，須知，這個在洛克時代就富有爭議的話題在今天依然爭議不斷。

洛克的問題

洛克提出，對於我們的繼續存在來說，心智的連續性本身就足夠了，無論維繫心智的東西是甚麼。這一觀點看起來要比把自我束縛於某些特定物件上的理論先進。但是，"心智連續性"確切來說到底是甚麼呢？很不幸，洛克本人並沒有給我們提供多少指引。在一些段落中，他的確提到，構成自我同一性的乃是"意識的同一性"。

任何特定時刻，我們都覺察到 —— 我們**意識**到 —— 我們當前的經驗：我們知覺着、思考着、感受着的一切東西。某一特定時刻各種各樣不同的經驗都屬於一個單一的意識。然而，我們對自己生命的意識（我們的覺察）並不局限於我們當下所經驗的事情。遠非如此。

想一想以前那些讓你愉快（或者飽受折磨）的經驗，還有多少歷歷在目：你第一天（或是最後一天）上學的經歷，你第一次出國看到的（聞到的、聽到的），或是你最近一次生日，諸如此類的事情。大多數人無法記得之前生命中經驗過的每一件事，但我們能記得的也很多。這些我們能夠記得的過去經驗的片段，也可以被看作洛克意義上我們能夠"意識到"的事情。因此，所有那些能夠記得的、過去的經驗也屬於我們 —— 因此，洛克宣稱，"意識關於任何過去的行為或思想能夠回溯多遠，那個位格的同一性就可以延展多遠。"

關於我們先前行為和經驗的個人記憶，確實為我們提供了可以合理地稱之為關於我們自己過往的意識。隨後幾年，人們普遍認為洛克支持一種關於我們歷時同一性的"記憶理論"。這個理論有一定道理，但是批評者很快也提出了對該理論的嚴肅質疑。

我們的記憶對我們來說當然是重要的，然而它們對我們的持存來說果真是必要的嗎？假如明天你頭上遭到一記重擊，造成了部分腦損傷，結果導致了嚴重的失憶，以至於你再也想不起來之前生命中的任何事情。因為大腦損傷相對並不嚴重，對於你心智的改變僅限於失去個人的記憶，而你的經驗、推理以及語言等能力並沒有受到影響。你會把這個不幸視為致命的麼？如果這樣的事情發生在你所愛的人身上，你會把他們當作死了，還是只不過遭遇了悲慘的折磨？對我們大多數人而言，後一種態度似乎是對的。但是，如果我們可以失去所有記憶而又依然存活，那麼，洛克關於甚麼導致了人格存活的說明就一定出錯了。

還有一處沒有這麼顯而易見的問題。仔細思考之下，洛克的說法看起來是非常危險的乞題論證（question-begging）。我們想要知道，我們歷時的同一性包括甚麼、需要甚麼，而洛克給出了答案：記憶。但記憶是甚麼？顯而易見的答案（大概）是：回想起自己早前生命中的某個事件或經驗的能力。請注意這個短語："自己早前的生命"。你不可能記得你經歷着另一個位格的經驗；你能記得的只可能是你自己的經驗 —— 你只能從內心記起，從經歷過這些事件的這個位格的角度記起。因此，記憶**預設**了位格同一性。而如果記憶真的預設了位格同一性，那記憶就對於解釋位格同一性便毫無助益。

新洛克主義者們

現在讓我們把時間推進三百年左右。當代追隨洛克的哲學家們（"新洛克主義者們"），例如德萊克・帕菲特（Derek Parfit）和西德尼・休梅克（Sydney Shoemaker），已經為解決這些問題取得了一些進展。

首先，他們拓寬了解釋中所説心理狀態的範圍。看起來似乎很顯然，通常的失憶症 —— 即個人所有記憶的喪失 —— 並不是致命的，但它不同於一種徹底的心智清除（mind-zap）（這是休梅克提出的術語）。如果有一個設備放在你的頭上，清除了你一切記憶的痕跡，包括你的真實信念、你的抱負和意願、你的喜好和嫌惡、你的價值觀、性取向、個性特徵、道德和審美偏好、你的語言能力 —— 你的一切在心理上獨特的東西都被清除了，那麼**你**是否還會存在，就沒那麼一清二楚了。考慮到這一點，我們可以對洛克的説法稍作改進，把範圍更廣的心理狀態和特徵都包括到説明中來。現代的新洛克派學者不再提"意識的同一性"，而是採用"心理的同一性"這個説法。一個位格的心理包括記憶，但也包括信仰、價值觀、性格特徵、偏好、意圖、希望等等。由於我們的心理系統是千頭萬緒的，即使你失去了關於從前經驗的記憶，許多其他為你所獨有的心理因素還在，而倘若它們還在，你就還繼續存在。

隨着我們變老，我們的身體會發生很多變化，而我們的心智也會發生變化 —— 或許是在一個更加引人注目的程度上發生變化。以心理為基礎對位格同一性的説明，必須要能夠容納心理變化。休梅克和帕菲特的説明就做到了這一點。用如今標準的新洛克主義的術語説，一個單一的持續心理狀態 —— 例如關於你第一天上學經驗的記憶，或者你對 2+2=4 的信念，或者你對巴羅克室內樂的熱愛 —— 被認作"心理關聯"（psychological connection）。在一個普通人整整一生中，完全可以沒有一個貫徹始終的心理關聯。但這沒有關係。我們可以説，一個先前和後來的位格是心理上連續的，如果他們通過一系列重疊的心理關聯而結合起來。由於心理變化（通常）是相當緩進的，日復一日，我們的心理在很大的程度上是重疊的。最後一步則是認為，導致位格同一性的乃是如此理解的心理連續性。或者，用更加形式化的方式來表達：

一個在 t_1 時刻的位格 P_1 與一個在 t_2 時刻的位格 P_2 是號數上同一的，當且僅當，他們通過心理連續性的關係而關聯起來。

心理關聯 —— 它連接着（比如說）一個特定位格生命的最早階段和最後階段 —— 的缺失，現在絲毫不妨礙我們把這些不同的人生階段視為是屬於同一個位格。只要先前和後來的階段之間有一系列相互交疊的心理關聯，那它們在心理上就是連續的，這也足以將它們看做是同一個位格生命的不同階段。[2]

因果關係：根本性的（自我保存着的）黏合劑

這樣，就只剩下一個困難了。我們需要一個方式來具體說明，記憶 —— 或任何其他類型的心理狀態 —— 在其下歷時而持存的那些條件，而這一說明方式對位元格同一性又沒有作任何預設。新洛克主義者也找到了這個問題的解決方案。

2　什麼程度和深度的心理變化與存活是相容的呢？如果我們認為心理的連續性構成了位格的同一性，那麼在天與天之間、月與月之間，我們需要多大程度的心理關聯性？帕菲特認為，"在幾乎每個真實的人的生活中，如果任意兩天之間直接關聯的數量，是某一天之內關聯數量的至少一半，那麼這個關聯數量就是足夠的。"（1984:206）我們可以說，這是一個主觀的數字，也會有曖昧不清的情況 —— 例如，如果你改變了一半的信念，進行了部分的性別重塑，失去了部分但並非全部的記憶，那麼你的自我是否還存活就很難說清楚了。但是，帕菲特的說法為一種歷時同一性理論提供了一個合理的基礎；大多數說明都會引起難以解決的曖昧情況。

假設一個與目前的你完全一樣的複製品出現了，就在離你幾英里之外的地方 —— 或者在澳洲，或者在一個遙遠（而友好）的星球，這都沒有關係。根據量子理論，這樣的事情是**可能**發生的。一個複雜的物體恰好突現存在，作為無處不在的量子場的一個自發產物，這是完全有可能的 —— 只不過這樣的事件不太可能真的發生。那麼，就讓我們假設這個不太可能發生的事情確實發生了。由於這個全新創造出來的你的複製品是和你完全一樣的副本，因而他或她與你在所有的心理方面也都是完全一致的。從而，你們將會有着完全相同的個人記憶、實際信仰、性格特徵、價值觀、意圖、希望、恐懼等等，全部都有。當然，這個相似性不會持續很久。當你的複製品開始有和你不一樣的經驗，他們的記憶會與你的不一樣。但是，讓我們將注意力放在你的複製品出現的那一刻。

這是否意味着你的複製品**真的**記得你第一天上學的那些經驗？當然不是。複製品只不過是看似記得這些經驗，而你才真正記得。在新洛克主義者看來，你的記憶是真實的，因為你的記憶在**因果上依存於**（causally dependent）你先前的經驗。如果你上學第一天發生了不同的事情，那你的記憶相應地也會不一樣。你的複製品的記憶與你先前的經驗**並無因果聯繫**，這也就是為甚麼它們是幻象的原因。這同樣適用於其他類型的心理關聯。例如，如果你的父母移民了，在另一個不同的國家養育你，你的生活會完全不一樣 —— 而你的複製品卻不會變化。你目前心理的方方面面，在因果上依存於你過去的心理狀態，而你的複製品卻並非如此。

通過提出因果依存性的關係這一方式，新洛克主義者填補了洛克關於位格同一性説明中的空隙：他們能夠區分真實和仿造的記憶，更廣泛地説，他們可以區分真實和仿造的心理關聯。如果説，心理的關聯需要歷時的因果依存性，那麼（在新洛克主義者們看來）確保着位格同一性本身的關係也需要歷時的因果依存性：考慮到這一關係乃是由重疊着的心理關聯組成的，它就是心理的**連續性**。

讓我們回到空間傳送站。你已經進入了傳送艙，也花了最後幾分鐘思考是否應該按下按鈕 —— 你從未試過這樣的旅行方式，你（自然）會有點緊張。如果按下按鈕，你就會失去意識，你的身體和大腦都會被毀滅，當然，在此之前它們要經過詳細掃描；再過一會，一個你的複製品就會根據這次掃描的資料，在火星上被創造出來。你並不擔心身體的毀滅；你相信這個過程非常迅速而且毫無痛苦。你所擔心的是即將在火星空間傳送艙裏出現的那個位格的同一性。那個位格會是**你**嗎？還是只不過是你的複製品呢？

如果你相信你是一個人類有機體，僅此而已，一個位格的同一性就在於有機體的同一性，那麼，如果你想繼續存活的話，你就不該按下按鈕。在空間傳送艙裏出現的那個位格斷不可能是你。正如我們此前所述，一個動物一旦身體消亡，就**不會**繼續存活了。

然而，如果你被洛克說服，認為在時間中構成位格同一性的是心智的連續性，即使這一連續性是由一系列不同的物質實體維繫的，那麼，對火星傳送艙出現的那個位格就是你這一可能性，你也應該至少持開放態度。並且，如果你認為保持着同一性的心智連續性乃是心理連續性，那麼你完全有理由相信，這樣的關係可以在空間傳送中得到保存。畢竟，在火星傳送艙出現的那個位格完全複製了你的心理，而且更重要的是，那個位格所有的每一個心理狀態，在因果關係上都直接依存於你當前的心理狀態。如果新洛克主義者們關於位格同一性的表述是正確的，那就完全有理由相信，空間傳送可以保存位格（person-preserving）。

這樣一來，對你的自我沒有任何風險的、光速的空間傳送就是可能的，至少在理論上如此。從一個身體轉移到另一個身體也就是可能的了。如果有了心智轉換裝置，身體互換也是可能的。洛克希望將自我從身體的限制中解放出來的夢想，將會得到實現。

第 4 章　現象的與心理的

　　洛克聲稱，心智連續性是理解我們歷時持存的關鍵。這一觀點似乎非常有說服力 —— 我本人就這樣認為。假定我們的心智生活沒有中斷，一直連續，似乎很難相信我們自己會不復存在。然而，想要對洛克關於自我的進路進行評價，我們需要更清晰地瞭解心智連續性的**性質**（nature）。它到底包含了甚麼？

　　根據大多數當代洛克主義者的觀點，正如我們在上一章所述，心智連續性保存自我的方式，其特徵是**心理的**（psychological）。一個明天 —— 或下星期、或明年 —— 存在的位格，如果有我的記憶和個性，那就是**我**。由於這個位格將會與我在心理上非常相似，而且還相信自己就是我，因此，這個位格似乎可以合理地宣稱**是我**。

但是，心理學理論是否就是洛克的進路能夠帶來的最大貢獻？或者說，我們的生活是通過心智的連續性來衡量的，這一思想是否還能夠以其他的方式得到發展？我想，答案是一個響亮而絕對的"是"。

終極遊戲機

越來越多的人用大量時間玩電子遊戲，科技在短期內也得到了長足的發展。在早期的電腦遊戲裏，網球比賽就是一個白點在黑色熒幕上前後移動，還有兩條白色豎線上下移動，代表網球拍。目前這一代遊戲機上的網球比賽就好像一場**真實的**網球賽錄影，玩家有根據真人運動員設計的 3D 形象。這個發展的趨勢會走向何方？將來會不會出現**終極**（ultimate）遊戲機？

如果會，這一終極遊戲機將能夠提供完整的模擬場景，包括對現實一切層面的模擬。它不但提供聲音和視覺效果，還可以提供整套逼真的身體經驗。這樣，當你在玩網球遊戲的時候，你會**感到自己跑過球場，手臂揮動，球拍擊中了**球。你也可以選擇其他的活動，也會得到同樣的經驗。

一般的遊戲室不夠大，你在裏面沒法好像在整個網球場裏一樣跑來跑去 —— 更別提如果你想滑雪而下的整座山，或是延綿數里的戰場了 —— 但是如果有了理想的遊戲機，這些也都不成問題：你所有的經驗會來自於你（也許會）佩戴的頭盔，這個頭盔可以直接對你的大腦產生作用。由於有了這樣的設備，你可以不需要離開扶手椅，就得到完全逼真的經驗，去探索任何你所選擇的環境。

目前的遊戲機還有一個局限：它們提供的是對你的外部環境的模擬，但**你本人卻絲毫沒有變化**。比如說，你也許會發現，自己在和當前一級方程式錦標賽選手比賽的時候駕駛得有多麼好。但是，如果你希望去體驗**真正成為**一名錦標賽選手是甚麼感覺，擁有**他們的**反應和駕駛秘訣，那麼會如何呢？同樣的想法也適用於其他的場景。難道我們不會好奇地想知道，真正**成為**一名頂尖的網球運動員 —— 或是滑雪運動員，或是足球運動員，或是在一場偉大戰事中調兵遣將的將軍 —— 那會是甚麼感覺？

為了滿足這樣的願望，終極遊戲機必須能夠改變一個人的**心智**，正如它也可以輕而易舉地徹底改變一個人身體的外部表現一樣。如果你想知道拿破崙在滑鐵盧戰役中指揮軍隊的樣子 —— 也就是拿破崙自己**內在的**（on the inside）想法 —— 那麼這台機器會為你提供一套拿破崙心理的複製品。這台機器會暫時消除（和儲存）你的心理 —— 你的記憶、信仰、抱負和意圖、希望和恐懼、語言和理智能力 —— 並用那個法國將軍的心理複製品取而代之。這一切完成之後，遊戲就可以開始了。

我們理想的遊戲設備如此強大，給它起一個令人印象深刻的名字當然就是非常合適的了，所以，讓我們叫它終極模擬機器（Ultimate Simulation Machine），或者簡稱U-SIM。由於拿破崙已經去世近兩百年了，即便這樣一台擁有強大功能的設備也只能根據他的生平歷史、自傳等其他資料，提供對拿破崙心智的大致模擬。但是，如果類比物件是與我們同時代的人，情況就會不一樣。如果 U-SIM 的技術在將來成為可能，那麼我們可以設想，非侵害性地"讀取"並完整複製一個位格的心理（連最微小的細枝末節也不放過）所需的這項技術也會存在。在這種情況下，你將真的能夠知道，成為另一個人是甚麼樣子。

　　U-SIM 能不能被製造出來呢？與空間傳送裝置一樣，它需要的技術遠超出了我們目前已有的技術範圍。但是，和我們在空間傳送的問題上所看到的一樣，技術的發展是非常迅速的：神經接入技術的萌芽已經出現了。晶片植入發展迅速，有部分技術業已投入市場。人們只要花上 300 美元左右，就已經可以買到 Emotiv 公司的"EPOC"[1] 頭盔來玩電腦遊戲。這是一種"高解析度的、接受神經信號、無線控制的

1　Emotiv 是位於美國加州三藩市的一家神經科技公司。"EPOC"這個詞來源於"a new epoch of personal convenience"。EPOC 是一個開放的作業系統，它支援資訊傳送、網頁流覽、辦公室作業、公用事業以及個人資訊管理（PIM）的應用，也有軟體可以和個人電腦與伺服器作同步的溝通。

神經頭盔"。[2]

誰會知道接下來的幾個世紀會給我們帶來甚麼呢？

一場虛擬的冒險

洛克關於位格同一性的作品影響深遠，在該書中，洛克試圖構想一種理論，該理論允許我們歷經各種變化和轉型而存活下來，我們能夠輕易地設想自己存活着。他的重要洞見之一是，如果你目前的身體被摧毀了，而你的心智生活被轉移到一個新的身體上去，那麼，我們完全有理由假設，**你本人**被轉移到這個新的身體上去了。但是，正如我們在上一章所看到的，洛克基於記憶的理論並非無懈可擊，而目前流行的心理連續性理論（psychological continuity theory）正是希望解決這些問題。然而，我們現在應該看到，心理連續性理論**依然**面臨着一些重大問題 —— 這些問題恰恰是隨着 U-SIM 揭示出可能性所造成的。

讓我們設想，你決定在拿破崙滑鐵盧之戰的模擬場景中

2　關於 EPOC 的更多資訊，請見 www.Emotiv.com。在本書寫作的時候，遊戲界人士正期待着一款為電子遊戲設計的頭戴式顯示器（Oculus Rift）的上市。這一設備將是第一款針對消費者的、價格合理的視聽虛擬實在系統，有準確的（對一個人的頭腦的）定位功能，可以提供 3D 虛擬環境。

待上一會兒。你戴上頭盔，啟動 U-SIM，隨之發生了讓人眼花繚亂的急速變化。你不僅僅只看到了戰爭，你還開始聽到戰爭的聲音、聞到戰爭的氣息。很快，你的整個身體感覺都身臨其境了。你騎在馬背上，你立刻**感到**馬就在你身子下邊。你的**思想**帶上了法國人的色彩：你在想"正如我常説的，**害怕被征服的人，註定要失敗**。這句話用在這裏實在是千真萬確！"。你是用法語，而不是英語在想。因為你的心理現在是根據拿破崙的心理重建的，語言的轉變也就不覺得奇怪了。當你回想起自己過去的生命，你記得的都是拿破崙生命裏發生過的事情。你原先自己的心理已經無跡可尋了。但是，因為你現在相信你就是拿破崙，也從來沒有做過別人，你就根本不在意這個事實。

幾小時以後，U-SIM 根據你的設定，結束了這場冒險。你的眼前有些閃光和暈眩，你有一陣子的迷惑，然後就發現自己回到了自己的身體，在熟悉的起居室裏，也恢復了自己的心智，但卻多了一點：你現在記得在那場重大戰役中，身為拿破崙是甚麼樣子了。回想了最近這次栩栩如生的歷險之後，你認為此次征途是相當值得的。

生命之流

現在，在描述這個場景的過程中，我一直假定**你**由始至終是在場的。U-SIM 產生了大量的心理干擾，但是它沒有導致你失去意識：在整個轉移過程中，你保持完全的清醒，從頭到尾都覺察着轉移。你始終有視覺、聽覺和身體的各種感覺——你記得眼前的那些閃光和暈眩——並且，你依然覺察到你的（變化着的）環境。你始終感受着情緒，你自始至終也一直在**思考**，儘管思考的方式比平時更加零散和混亂（但這種零散混亂並不會達到前所未有的或不可能的程度：任何雙語使用者都有用不同的語言連續思想的經驗）。既然你由始至終都保持着連續地有意識的狀態，那你持續地持續着，你自始至終依然是**你**，這難道不是顯而易見的嗎？

新洛克主義的進路雖然有其優勢，但問題在於，如果對位格同一性的這個説明是正確的，那麼你根本就不可能在 U-SIM 冒險之後繼續存活。對新洛克主義者來説，一個位格的持續存在完全取決於心理的關聯，或者説，取決於包括記憶、信仰、意圖等在內的個體心理狀態。當 U-SIM 用拿破崙的心理複製品取代了你原先的心理系統，你在幾秒鐘之內就失去了**所有**原先的心理狀態，**沒有任何**心理的關聯可以將變化前存在的位格與變化後存在的位格關聯起來。因此，如果心理的説明是真的，那你在虛擬冒險開始的那一刻就不復存在了。然而，這實在讓人難以置信：如果你的意識之流繼續流淌，你就依然繼續存在。要是在你不復存在的時候，還可以繼續有正常的各種經驗，那也實在是太荒謬了。由於心理的説明帶來的結論是你**確實**不復存在，因而，這一説明看起來好像不可能是真的。

這個方案指向一個結論：如果我們的意識之流沒有被打斷，我們就會繼續存在下去，無論發生了甚麼變化。U-SIM 表明，就我們連續的存在而言，至關重要的乃是**經驗的連續性**，而不是非心理的連續性（新洛克主義者們就是這麼理解的）。

　　經驗的連續性指的就是我們在自己的日常意識經驗中發現的連續性，一個時刻接着一個時刻的連續性。想想以下的情況是甚麼樣子：聽到一個聲音持續鳴響；看到一隻鳥飛越天空；你緩慢地揮手，看着自己的手在視野中前後移動；你在淋浴的時候感到水從你的皮膚上流下。這些就是經驗連續性的感覺形式，而我們內在的有意識的思考也是類似連續的，先展開一個想法，然後再推進到下一個想法。心理學家們討論"意識流"，並不是無緣無故的。我們的意識**作為一個整體**就像水流一樣，它在每個局部都展現出了連續的流動。正如我們的例子所表明的，即便是最劇烈的思維轉變——借來一個法國軍隊元首的心理——也不會威脅到我們的存活，因為我們**意識的**連續性並沒有中斷。

　　為了讓最後這個觀點有個比較方便的表述，讓我們將其稱為**連續意識論**（Continuous Consciousness Thesis），並將它縮寫為"C- 論"。更正式的表述如下：

　　　C- 論：只要一個人的意識保持不中斷地連續流動，

他／她就連續存在，無論其他方面發生了怎樣的變化。

C- 論看上去非常有道理，並且，我們接下來很快就會發現，C- 論蘊含着相當激進的意義。

位格之外

洛克認為，我們的同一性不受限於任何物質，而接受 C- 論也會得到同樣的結論。如果你當前的意識流是通過一系列不同的物質系統維繫的，例如，如果它從一個身體轉移到另一個身體，從一個大腦轉移到另一個大腦，這都沒有關係，只要你的意識流動沒有中斷，你就會繼續存在。

至此還是洛克的見解。但接下來就不是了。請回想一下洛克的另一個信條：我們是位格，即具有意識和自我意識的存在者，其特徵在於理性和智慧，有能力"把自我視為自我"，歷時而存在着。洛克的位格概念非常重要，它當然在**某些**時候適用於我們所有人。然而，它是否一定在**所有**時候都適用於我們所有人呢？有理由認為，不是的。在某些情況下，即便缺乏符合洛克定義的那種複雜認知能力的水準，看起來似乎我們依然存在。基於這個理由，非常小的嬰兒不是洛克意義上的位格，大腦受損的成年人同樣也不是。但我們的 C- 論承認具備相對初級認知能力的主體是歷時地存在着的，只要他們的意識是以某種方式連續着。由於幼兒和（許多）大腦受損的成年人很可能**確實**會有意識之流，所以，對我們持存條件的基於經驗的說明與基於心理的說明比起來，更廣闊的條件下涵蓋了更廣泛的主體。單憑這一個原因，這一說明也比洛克的説明更為合理。[3]

實際上，基於經驗的進路，與我們能經歷各種讓我們超出位格的變化之後依然存活，這兩者之間並不矛盾。在 U-SIM 假想中，你所經歷的心理變化都只發生在某個方面，而非徹底的。是的，你最後會有一個全新的心理，但是那依然是一個人的心理 —— 拿破崙的心理。我們並沒有任何理由認為，情況一定總是如此。如果 U-SIM 所需的技術存在，那我們或許對許多動物的大腦也足夠瞭解了，能夠複製出它們的心理，並且模擬出它們所具有的各種經驗。在這樣的情況下，你下一場 U-SIM 的冒險歷程就不是要體會，在某場重要戰役中當一個人類將軍是甚麼感受，你可以選擇做叢林中捕獵的老虎，或是探索自己洞穴的蝙蝠，或是在阿爾卑斯山高空滑翔的老鷹，你可以知道成為牠們的感覺如何。而你的選擇是無窮無盡的。關鍵的一點是，倘若你在踏上虛擬之途的時候，在整個變化過程中始終都是有意識的，你始終有

---

3 我們在生命中，到底多早開始具備經驗？一般認為，人類的胎兒在妊娠 24-28 週就已經具備了初級形式的意識。但是，由於一般胎兒大多數時間在子宮中都處於睡眠狀態，因此，它們的意識能力通常在出生以前並沒有啟動 —— 當然，除非他們做夢，但胎兒是否做夢，這一點我們還不知道。對此的更多討論，請見 Koch (2009)。

某些視覺、聽覺以及身體感覺，還有情感感受，那麼毫無疑問，那個享受着這趟探險之旅的人就是**你**。

一個悖論的解決

在一篇引起不少討論的文章《自我和未來》（"The self and the Future"）裏，英國哲學家伯納德・威廉姆斯（Bernard Williams）試圖用一種全新的方式對洛克關於自我的論述提出質疑。威廉姆斯的論證依賴於我們對兩種假想場景的不同反應。以下兩個場景在某些方面比威廉姆斯設計的要簡單些，但關鍵的元素都是一樣的。[4]

場景一：在長期成功的犯罪生涯之後，你終於被有關機構逮捕了。他們迫不及待地就你的同夥和過去的所作所為審問你。對你來說不幸的是，該機構喜歡採用傳統的審問方式：殘忍而有效的身體折磨。你的問訊人告訴你，為了不在你自己的身體上留下任何留下罪證的痕跡，你的心智會被重新放置到另一個身體上去。然後折磨就會開始，直到你給出讓他們滿意的口供，你才可以回到你原先（毫髮無損的）身體上去。由於近來神經技術的發展，身體轉換也不需要移植大腦了：只需要一台

---

4 這一部分參考了 Dainton and Bayne(2005)。

"心理狀態轉移"設備就可以做到這一點。這台機器可以將所有的心理狀態（記憶、信仰、意圖、性格特徵等等）從一個大腦複製到另一個大腦，並且不需要外科手術的介入。在你的頭上放一個頭盔，轉換就完成了。你醒過來。儘管覺得有點噁心，顯然也換了個不同的身體，但是你感覺上和平時的自己還是一樣的，而你對即將發生的事情感到恐懼。哦！你的恐懼的確是有道理的，當他們開始折磨你的時候，一切和你預期的一樣可怕。

在第二個場景中，使用了相似的心理轉換設備，但使用方式略有差別：

場景二：你長期成功的犯罪生涯即將結束：你就要被捕了，你完全明白一旦被抓獲，你將會遭到的對待。然而你的同夥叫你不用擔心。他們手頭上弄到了一台心理轉移設備，並想出了幫你逃脫厄運的辦法。他們會用這台設備將你的心理轉移到一個儲存設備上去，然後把別人——一個對你曾經的行為一無所知的人——的心理複製到你的大腦裏去。你對同夥的關切心存感激，但對於他們的提議你心裏卻一點兒也不覺得好受。有了一整套不同的信念和記憶，當然不可能讓你感覺不到身體受到折磨而帶來的疼痛。怎麼可能呢？最多，在你自己的記憶和信念被恢復以後，你不會記得那個折磨了，但是這並不會減輕那種折磨人的疼痛。如果你接受你那些好心同伴的建議，似乎你就會面臨雙重創傷：混合着劇烈心理改變的折磨。

如果我們將注意力只放在**你**的遭遇上，那麼，這兩種場景都有將你的心理狀態從原先的大腦移至別處的設備。這些場景的有趣之處在於，看似相似的事實會得到完全不同的理解。

讀到場景一的時候，大多數人都會認為下述說法是合理的：你已經從原先的身體移到了一個不同的身體，是這另一個身體遭到了殘酷的折磨。而在第二個場景中，你的同夥告訴你，心理轉移設備會成功將你轉移到另一個身體的，這個說法聽上去卻不太真實。而這兩個場景所涉及的，是完全一樣的心智轉移方式。敘事的改變，如何對最終遭受痛苦折磨的那個人造成了這樣的影響呢？[5]

面對這個困境，有些哲學家提出，這些假想場景真正說明的問題是，我們不能指望從牽強的幻想和科幻小說裏瞭解我們到底是甚麼。威廉姆斯本人也認為，我們理解第二個場景的能力暗示了，我們內心深處相信我們本質上是我們的身

5　在最近的一篇文章中，Nichols and Bruno(2010) 提到了許多有趣的相關問題，其中之一就是，大多數人對此類情況事實上的確會這樣反應。雖然如此，關於我們的直覺為什麼會受到敘事脈絡中的變化的影響，我在這裏提供的解釋和上述作者的解釋並不相同。

體，或者說，是人類有機體。這是因為我們明白，歷經巨大的心理斷裂和改變之後，我們即便繼續存活，也依然會有能力感到自己的身體所承受的疼痛。然而，正如威廉姆斯也非常清楚地知道的是，我們許多人可以輕而易舉地想像我們和自己的身體分離，這個事實與我們相信我們和自己的身體是同一的這一主張，兩者之間並不完全合拍。

我們現在可以看到，這個問題有一個不同的 —— 也是更好的 —— 解決方案。正如 U-SIM 假想所展現的，心智連續性有兩個不同的因素：經驗的連續性和心理的連續性。經驗的連續性存在於我們的意識之流中，包括能感覺到的、從一個時刻到下一個時刻的經驗的流動。心理的連續性則基於前後心理狀態之間的因果關聯。這些同樣的 U-SIM 假想場景也表明，我們持續的存活和經驗的連續性非常緊密地聯繫在一起，我們只要持續有經驗，我們就會持續存在，無論發生甚麼其他的變化。

現在，在威廉姆斯所列出的思想實驗中，絲毫沒有提及是甚麼導致了經驗的連續性；唯一談到的就是心理的狀態和轉移。考慮到這一點，並且考慮到經驗連續性對我們繼續存在的重要性，也就不難看出到底發生了甚麼 —— **我們**到底發生了甚麼 —— 是很不明確的。事實上，如果要緊的是經驗的連續性 —— 正如我已經論證的那樣 —— 那麼，威廉姆斯設想的場景完全沒有提及這一點，這個事實**應該會**令到我們無法明確自己的命運。

接下來，關於第二個場景的兩種不同版本應該能說明問題。第一個版本如下：

場景二*：你就要被逮捕了，接下來會遭到痛苦的折磨。你好心的同夥說，他們能解決你的問題：他們手頭上弄到了一台心理轉移設備，這台設備能讓他們把你和另一個人的心理互相交換——而這個人對你所作所為完全一無所知，而且這個人完全也活該要受到懲罰。你的心情好了些，要他們詳細解釋這個設備到底如何運作。你的同夥也不知道所有的細節，但是他們知道這個設備不會重置意識之流——它只會影響心理狀態，例如記憶、性格特徵之類——並且這個設備的運作要求兩個參與的主體全程保持清醒的、有意識的狀態。不過，他們叫你不用擔心：所有證據都表明，心智轉移是無痛的，大多數人只不過會覺得有點暈頭轉向而已。

現在我們知道，如果使用這個心理狀態轉移設備，你的意識之流會發生甚麼：絲毫沒有變化。然而，完全從自利的角度出發，這並不是個好消息。既然你原先的意識流在整個過程中都和你原先的身體在一起，看起來很明顯，那個身體所遭受的疼痛都會被你、你一個人所感知。多虧了心理狀態轉移設備，你（實際上）會以為是你是另一個人，也有這個人的記憶。但是我們都知道，對過去持有幻象式的信念，這本身並不會自行讓我們感覺不到疼痛。

現在考慮一下這個版本：

場景二**：你就要被逮捕並遭到折磨了，但是你的同夥叫你不要擔心。他們手頭上弄到了一台心智轉移設備，在你遭到折磨開始以前，你的心理和意識流都會被轉移到另一個身體上去，而且這個轉移過程不會出現任何意識的喪失——你全程都會保持完全清醒的、有意識的狀態。這個前景完全無法讓你覺得好受。把你自己的意識和心理完全轉移到另一個身體上去，又怎麼可能就讓你感覺不到施加到你原先身體上的疼痛呢？

你對這一選擇的消極反應聽上去肯定不太對勁，你現在還覺得不好受，似乎就沒有道理了。如果你的心智作為**一個整體**——包括你的意識和心理——全部都轉移到一個新的身體上，那麼顯然**你**就居住到這個新的身體上了，因此你也就不會再感到即將施加到你原先身體上的任何疼痛。

先前，我說威廉姆斯原本設想的場景不夠明確，因為它們沒有給我們提供關於經驗連續性的資訊：我們得猜測主體意識之流的命運到底如何。但是，如果提供了意識之流的相關資訊，所涉主體的命運也就明確了。這一結果提供了有力的額外證據，説明最重要的是經驗的連續性，而非心理的連續性。下一步，我們就要儘可能利用這個發現，構想出對自我之本質的一個説明。

第 5 章　自我、力量和主體

當開始我自己關於自我之本質的研究時，我並沒有花太長的時間就抵達了目前的觀點。洛克認為，我們的連續存在依賴心智的連續性，而非依賴任何特定的身體。這個觀點讓我覺得很有說服力。以往，心理的觀點是對洛克洞見的標準發展，但我卻覺得它的吸引力要小得多。這在很大程度上是由於上一章我們遇到的那些考慮，我很快開始確信，基於經驗或基於意識的自我進路，是最有道理的。

然而，我又撞上了一面哲學等價物的牆。當我轉向現存的、基於經驗的自我說明，出於種種原因，我總覺得它們都無法讓人信服。因此，我發現，我不得不用它來建構一個我自己的理論。我最終選定的理論以及支撐它的理據，都會在本章展開。

我得出的關於自我的構想，在某些方面是非常激進的：如果我是對的，那我們就與任何其他種類的事物都不一樣。我們大多數人認為，我們都有潛能——即便我們並不總是會充分地發揮出我們的潛能。根據我對自我的描述，除了潛能（potential）以外我們**甚麼**也不是，這個説法是有切實意義的。

主體 vs. 位格

　　到目前為止，我們已經發現一個關於我們本質的關鍵線索：只要我們的意識之流持續流動——只要我們持續具有連續的、不中斷的經驗——我們就持續存在，無論我們遭遇其他甚麼變化。如果這樣就足以讓我們持續地生存下去，那我們到底是甚麼類型的事物呢？

　　至少，我們知道這一點：我們是**能夠有意識的那種事物**。而且這樣事物有一個名稱：**經驗的主體**（subjects of experience）。你是一個經驗主體；我也是；其他所有曾經活過的正常人也是；狗、貓、老鼠，還有遠在宇宙其他地方的那些有感情的機器或是異形生命形式，也都是經驗主體。

　　洛克堅持認為，是個人的履歷記憶——或者更一般地説，心理的連續性——導致了自我在歷時中的同一性。從上述的角度看，洛克的這個主張就是錯誤的。但是，洛克又認為，有一個高階概念，它適用於我們以及所有擁有心智和它們自己的意識之流的非人類存在者，他的這個主張倒不一定是錯誤的。因為我們顯然**的確**屬於能夠享受經驗（或受其折磨）的那類事物。這種經驗的能力（ability to experience）是作為我們這種存在者的一個必不可少的屬性，如果失去了這樣的能力，我們也就不復存在。

話說回來，認為我們本質上是經驗主體的學說也有很長的歷史。柏拉圖式的靈魂和笛卡兒式的自我都可以被看作經驗主體，許多相信轉世輪迴的宗教傳統（世界上所有地區在某個歷史階段都會發現有這樣的信仰）也持有同樣的觀點。由於轉世以後的靈魂往往不記得過去生命裏發生的事情，因此這些靈魂可以經歷迅速而徹底的心理轉變而依然存在。

自我的本質

認為我們是經驗主體（或者，簡單地說，主體）的觀點在人類歷史上也許相當普遍，然而在許多當代哲學家那裏，這樣的想法並不吃香。這是因為，當代哲學家往往將主體等同於笛卡兒所堅稱的那類**非物質**的自我，而如今這樣的想法被普遍認為是有問題的。

這裏有一個非常簡單、也非常出人意料的理由：笛卡兒的自我不睡覺，他們沒有一個會睡覺。永遠都不會睡覺。為甚麼？因為，如果我們追隨笛卡兒，把具備意識視為自我的本質屬性，而既然一個事物不能夠失去本質屬性而繼續存在，那麼，自我也不能**失去意識**而繼續存在。任何不再有意識的自我都將不復存在。如果我們進入了無夢的睡眠 —— 我們通常似乎都會這樣，而且科學表明我們確實也會這樣（大多數夜晚都會）—— 那麼，我們的生命就比我們大多數人相信的要短暫得多：我們下一次陷入無意識狀態之時，也就是我們消亡的時候！

洛克提出了另一種看待主體的方法。洛克完全明白笛卡兒在沉睡的靈魂這個問題上的立場。在《人類理解論》（*Essay Concerning Human Understanding*）第二卷中，洛克寫道："我知道有一種觀點，認為靈魂始終在思考，這樣的靈魂自身不斷對各種觀點有現實的知覺"（2.1.9）。然而，接下來洛克諷刺了這樣的觀點："我承認，我自己擁有的是那種比較遲鈍的靈魂，我的靈魂並沒有知覺到自己一直都在沉思觀念，它認為，正如身體無需不停地動來動去，同樣的它也無需不停地想來想去。"洛克還接着說：

〔經驗〕之於靈魂，正如行動之於身體，前者並非後者的本質，而是後者的運作。因此，雖然思維被假設為靈魂的恰切活動，這一點已經得到了前所未有的公認，但我們也沒必要假設靈魂應該不停地思維，不停地活動着……通過經驗，我們確實地知道，我們有時候在思維；我們由此就得出了這樣一個不可能錯的推論，即我

們內在有某樣東西，它具有思考能力。（2.I.10）

洛克的意思是，雖然具備有意識的經驗是靈魂能夠做的事情之一，但這並不意味着靈魂必定始終都在這麼做。一輛汽車有能力移動自身；但這個能力可以存在而無需始終運用。同樣，你的電視機此刻並不一定在播放畫面，但它有能力這麼做。

洛克雖然沒有展開論述這個觀點，但他認為，靈魂和現實經驗之間的關係與上述的例子是類似的。毫無疑問，我們有時候有經驗。但是，我們從這一點能夠得到的唯一推論是，“我們內在有某樣東西，它具備享有經驗的能力”。或者，更一般地說，我們具備有意識的能力。由於這個能力即便沒有運用也依然存在，因此，我們就有可能經歷一些無意識的時期而依然存活下來。只要我們保留了具備意識的**能力**，我們就繼續存在，即便這樣的能力處於蟄伏狀態。

將主體的本質定義為意識能力，就解決了我們如何能夠經歷無意識的時期而存活下來這個問題，這也為我們提供了解答“我們是甚麼”這一問題的途徑。我們這種存在者擁有一個非常與眾不同的特徵，這就是具有意識的能力（the capacity to be conscious）。

某種概念設計

這是一個前景不錯的開頭。但是我們遠沒有到達我們的目的地。

我們到底應該如何看待我們這樣的**事物**（things）？主體（subjects）與擁有這些能力的其他種類的物件（objects）──例如大腦，或者靈魂──之間有甚麼關係？

如果具備有意識的經驗這一能力本身足以讓某個事物成為主體（因此也就成為自我），那麼我們就可以完全用這個屬性來定義主體是甚麼。相應地，讓我們採用中性的說法，**意識系統**（Consciousness-system），簡稱 C- 系統，是指這樣的事物：無論它們有甚麼其他特徵，它們都具備產生或享有有意識的經驗之流的能力。

健康的人類大腦具備有清醒意識的能力，因此它們包含了 C- 系統。但海豚和狗的大腦也是如此，更別說吸血鬼的大腦，或者是有感情的電腦了（為了討論的需要，讓我們假定存在着這些事物）。當然，說到物質結構，人類和吸血鬼的大腦是完全不同的──有感情的電腦就更不可同日而語了，因為它們不是生物體。各種不同類型的物體都可以具備 C- 系統，只要他們具備意識能力。

我一直都將 C- 系統説成是具備統一意識之流的能力的"事物"，然而，我還沒有確切地説明我們應該如何看待他們。到了這一步，接下來的一步就非常自然了（它幾乎是不可避免的）。我們暫不考慮生物性主體和非生物性主體之間的區別，將 C- 系統視為僅僅由經驗能力構成，從而提取出與主體性最為相關的因素。從這個觀點來看，C- 系統是連續的（或者説，不間斷的）經驗能力 —— 這也正是我下文中要採用的觀點。C- 系統，也就是主體，只要保持有意識能力，就可以存在，而一旦它們沒有了意識能力，就不復存在了。

通過這個步驟，我們排除了對主體的存在來説一切非本質的東西，並將主體確立為自身就很獨特的一種事物。

雖然，具備經驗能力，這通常屬於一些更為常見的普通事物 —— 例如説生物大腦，非物質存在者，甚或有感情的電腦，但 C- 系統和這些物體依然不同，因為 C- 系統只包含着其他這些物體所具有的諸多特徵的一個子集。比如，一個健康的人類大腦有經驗能力，但它還有許多其他的特徵：它大約三磅重，包括數以億計的神經元和膠質細胞，還有數英里長的血管，以及血管裏的血液。

自我和潛能

我們只不過是連續的經驗潛能（a continuous potential for experience），這樣的想法一開始聽上去完全令人匪夷所思。但是，正如我們剛才所見，其背後的理據非常清晰。而且，不間斷的潛能這一想法，並沒有任何值得懷疑或疑慮的。在這一點上，磁懸浮列車軌道是個很有用的例子。磁懸浮列車的軌道能夠生成強大的磁場，列車就在這個磁場上運行。磁場推動列車前進，但也讓列車懸浮在空中，這使得與搭乘和鐵軌有物理接觸的火車相比，乘搭磁懸浮列車的感覺明顯會更加平穩。

雖然磁懸浮軌道很複雜，但它在有個方面卻非常簡單：它產生了一個貫穿全程的單一的、連續的磁場，無論是否有火車在上面。這個磁力的潛能（或者説能力）是不可察覺的 —— 你不可能看到磁場本身 —— 但是它確實就在那裏，是軌道的一個真實的屬性，和其他屬性（例如它的品質或長度）一樣真實。如果你把指南針靠近磁懸浮軌道，指針就會瘋了一樣地轉起來。

我想説的是，經驗主體也是一個單一的、不間斷的潛能。貫通磁懸浮軌道全程的潛能是順着空間延展的，而構成一個持存主體的潛能則是順着時間延展的，並且一旦啟動，產生的就是（某種類型的）經驗，而不是位移。[1]

最後一點是關鍵：正因為 C- 系統夠能夠產生**經驗**，所以它們可以成為自我的候選人。你早晨醒來以後所有的經驗，與你以前所有的經驗一樣，都是由於你具備的各種經驗能力被觸發而產生的，或者換言之，是由你的 C- 系統產生的。只要你當前的 C- 系統持續存在，你具備豐富多彩的意識之流的能力也就會持續存在，你也會持續存在。

能力分配：C- 方案

明天，會有數以億計的主體存在 —— 下一週，下一年 —— 所有這些主體都具備經驗能力。我們需要有辦法決定，這些未來的能力中，哪些是屬於我的，哪些是屬於你的，或者是屬於其他主體的。我們能否繞過諸如大腦或靈魂這些揮之不去的物體，來回答這個問題呢？對這個問題的回答，是否可以消除所有一切疑慮，讓我們相信將來那個自稱是我的主體，真的就是**我**？

---

1 磁懸浮軌道上的磁力潛能也會持續一定的時間，而且不發生間斷，只要軌道本身還在並保持工作狀態（這個連續性會因為某些狀況被打斷，例如停電）。然而，這種跨越時間的連續性沒有跨越空間的連續性那麼容易視覺化，因此，對闡明的意圖來說，也就相對用處不大。

是的，我們可以做到。關於主體，我們最確定的一點就是，某個單一意識之流中的經驗屬於同一個主體，無論該主體發生了怎樣的改變和轉化。如果說，某個單一意識之流中的**經驗**的確屬於一個同主體，那麼產生這些意識流的經驗能力也屬於同一個主體。能夠產生一個統一的意識之流的**能力**，一定只可能屬於某個單一的自我。這就是為甚麼我在引入 C- 系統這一概念時規定了，一批經驗能力必須要能夠產生統一的意識之流，才有資格被稱為 C- 系統。

　　我們現在有了對主體的全新說明 —— 即經驗的潛能 —— 也至少開始說明主體持存的條件。綜合起來，就得到了如下這個關於"你是甚麼"的圖示。它還有待進一步展開，不過基本的資訊是清楚而又簡明的。

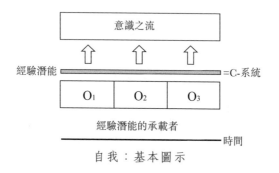

自我：基本圖示

　　圖示頂端的矩形表示你的 C- 系統能夠產生的統一的意識之流。中間的線表示 C- 系統。你本質上就是這一連續的、不間斷的經驗潛能，至少，我是這樣認為的。在某一個特定時刻，你的全部經驗能力中只有一小部分是活躍的（如果你把目光從這頁書上移開，蟄伏的視覺經驗就會被啟動），當你進入無夢睡眠的時候，你的經驗能力無一活躍。但是，活躍的以及不活躍的能力之所以屬於同一個主體，是因為它們是同一個能力：促成了統一的意識流。

在該圖示的底端，那些具備這些經驗能力的物體以一系列矩形的方式表示，標示為 O_1、O_2，以及 O_3。隨着時間的推移，承載或維持主體經驗能力的物體可能會發生變化，比如，一個主體也許一開始有一個人類的大腦，結果最後有一個吸血鬼的大腦，或者矽膠大腦。只要這個基礎層面的改變沒有破壞（或者打斷）經驗潛能的連續性，主體就是存活的。在這個特定的例子中，主體的經驗潛能就先是基於 O_1，然後基於 O_2，最後基於 O_3。

在現實中，經驗潛能不會像圖示那樣，脫離並浮游於相關物體之外。（要是真這樣，就實在是太怪異了！）我們用這樣的圖示，是為了儘量清晰地表明，表現為 C- 系統形式的自我，與具備經驗能力的物體（例如大腦），是完全不同的。正如磁場是承載磁場的那塊金屬的屬性，然而磁場和金屬是完全不同的。

改進

　　如果一個特定的 C- 系統，在某個特定的時段（比如説一個小時）內，**由始至終**都具備產生（某種）經驗之流的能力，那就可以説，它產生經驗的能力在那段時間內是 "連續運作" 的。某些真實主體的 C- 系統，在其整個生命期內都會持續運作，例如，他們可以活八十年，也有能力在其間一直都具備清醒意識的能力。但我們不是那樣的。因此，我們需要用連續時間更短的意識能力來定義我們的持存。你或許不能夠具備長達八十年的意識，但是你可以在較短的時段內連續具備清醒的意識，例如 12 個小時，6 個小時，或者 6 分鐘，或者 6 秒鐘。"連續運作的 C- 系統暫時延展的時段（temporally extended phases of continuously operational C- systems）" 説起來有些繞口，因此就讓我們將這段時間稱為 C- **時段**（C-phases）。

　　既然屬於 C- 時段的經驗能力全都屬於同一個主體 —— 既然它們全都能夠促成某個單一的意識之流 —— 那麼，屬於**重疊的** C- 時段的經驗能力也屬於同一個主體。當先前的 C- 時段和其後的 C- 時段有一個共同的部分時，就會出現我所想到的重疊，它如下圖所示。

　　在這裏有兩個重疊的 C- 時段，它們共有被標示為 "C2" 的經驗能力。A 和 B（以箭頭標示）分別是 C- 時段 1 和 C-

時段 2 產生的意識之流。C1 和 C2 的經驗能力可以產生一個不間斷的意識之流，這也就意味着它們屬於同一個主體。為了讓事情簡單，讓我們假設這個主體就是你。因為 C2 和 C3 也產生了一個不間斷的意識之流，我們知道它們也屬於同一個主體；既然 C2 屬於你，此因 C3 也就屬於你。這一通過重疊 C- 時段而保持主體同一性的方式可以無限延伸到未來。部分重疊的 C- 時段組成了一個長鏈，讓我們用 C-**連續的**（C-continuous）來表示屬於這一長鏈的經驗能力。

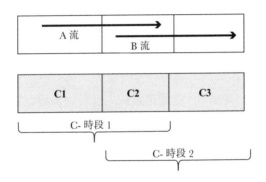

一條繩索可以非常堅韌有力，即便並沒有任何一根纖維貫穿始終。繩索的強度取決於組成繩索的個別纖維的數量和特性，以及它們相互交疊的方式。同樣，並沒有一個單一的 C- 時段由始至終貫穿一個普通（人類）主體的整個生命。儘管如此，一系列重疊的 C- 時段已經足以維持一個主體的存在。這一點如下圖所示：

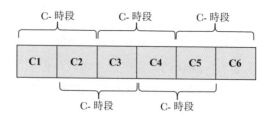

同屬一個 C- 時段的經驗能力（如 C1, C2）可以連續不斷地產生意識，因此屬於同一個主體。如上圖所示，通過共用某些部分而以前述方式重疊形成的 C- 時段也就屬於同一個主體。以這樣的方式連接起來的能力就是 C- 連續的。

在我關於這個主題的其他著作中，我把這樣看待問題的方式稱為 C- 理論。[2] 這個理論的內容可以簡要概括如下：我們是主體；主體是 C- 系統；在不同時間的 C- 系統是一個單一的、持存着的主體生命中的不同時段，當且僅當這些 C- 系統是 C- 連續的。

C- 理論把兩個說明結合在了一起，一個是關於自我之本質的說明，一個是關於不同時間的經驗能力若要屬於同一個主體就必須如何相互關聯的說明。C- 理論的這兩個要素來源一樣，也就是我們最初的發現：只要我們的意識之流不

2　我的《現象的自我》（*The Phenomenal Self*, 2008）一書中對這個理論有更詳細深入的解釋。

停流動，就不可能認為我們自己不復存在，無論我們可能發生了其他甚麼變化。你只要連續地具有經驗，就會連續地存在，這個想法是很自然的。同樣，只要你的經驗**能力**連續存在，你就會連續地存在，這個想法也是很自然的。

C- 理論解釋了，如果幾分鐘以前突然冒出一個你的完美複製品，為甚麼那個人不是你。他們不是你，因為他們和現在的你並沒有以 C- 連續的的方式發生關聯，你們之間沒有那種不中斷的經驗潛能。並且，C- 理論將主體等同於他們唯一的本質特徵，即產生或享有經驗的能力，這就成功地將主體從其他類型的物體（如大腦、靈魂）中解放了出來。

作為 C- 系統的自我

我們本質上是一系列持存着的經驗能力，這一觀點和我們通常看待自我的方式不太一致。但這不意味着這個觀點就不正確。持續着的潛能 —— 比如，像磁懸浮軌道上的那種潛能 —— 是真實世界完全真實的部分。**我們**目前所説的潛能，是產生意識之流的潛能，是我們時時刻刻都在享有着的，它足以讓我們繼續存在的。

不足為奇的是，C- 理論在意識是否是物質性的這一問題上，立場完全中立（這一點也繼承了洛克的做法）。如果經驗是一種物理現象，完全基於我們的物質大腦，那麼我們

C- 系統的能力也就以我們的大腦為基礎。如果我們的經驗是非物質現象，是笛卡兒所設想的那種非物質的靈魂實體的屬性，那麼我們的 C- 系統也會依存於這些非物質的實體。無論是哪一種假說，自我都是同一類存在者：它們是具備產生有意識經驗的潛能的存在者。[3]

我們核心的自我是 C- 系統，這一事實並不意味着我們就沒有**身體**。不言而喻，我們的心智和我們的身體之間有着各種各樣的聯繫，正是因為這些聯繫，我們才可以與別人互動，才可以作用於這個世界，並知覺我們周圍發生的事情。而且，如果我們的心智根植於我們大腦的神經活動（而不是非物質的靈魂），那麼我們的意識能力就存在於以我們大腦的形式表現出來的物質性事物之中，或者為其所擁有。接受 C- 理論，並不意味着在日常生活中，我們就不能將自己看作是通常意義上的具備形體的人 —— 看作是穿衣服的人、體重會發生變化的人、坐火車的人等。C- 理論帶給我們的，是某種特定的、關於我們和自己身體之間關係的哲學觀點。

3　還存在一個進一步的區別。對笛卡兒而言，自我雖然是非物質的，但卻類似於基本的物質粒子；自我不可能像複合物體那樣得到或失去某一部分。C- 系統沒有這樣的限制。如果有人因為嚴重的大腦損傷而失去了視覺經驗能力，他們就失去了曾經具備的一種經驗能力，他們的 C- 系統也因此而受到了損傷；如果通過某種高超的神經外科手術，一個以前沒有聽覺經驗的人第一次獲得了這種經驗，那麼他們的 C 系統也就得到了擴展。從這個意義上說，C- 系統是動態的，或者說是可變的，這一點和笛卡兒式的靈魂實體不一樣。

如果我們將自己看作是 C- 系統，那麼，儘管我們**有**身體，我們和某個身體以各種方式都有聯繫，然而，我們和自己的身體並非是**號數上同一的**（numerically identical）。也就是說，我們與我們的身體並不是同一個東西或物體。對此，有兩個原因。首先，C- 系統由許多經驗能力組成，而人類身體（以及大腦）所包含遠不止這類能力。其次，在某些情況下，我們的身體和 C- 系統會分道揚鑣。如果你的大腦被成功移植到一個新的身體裏去，你原先的身體被焚化了，由於你的大腦帶有你的 C- 系統，你就可以獲得一個新的身體，而不會失去你的自我。還有更多激進的方式，能讓我們的 C- 系統和我們真實的身體分開。你有可能被簡化為**僅僅**是你的大腦（或者甚至只是維持意識的那些部分），只要你的神經組織得到足夠的血液和營養供應，從而它們脫離了你的身體也依然保持其功能。（再或者，有吸血鬼咬了你一口，你現在的身體完全消失，變成了非人類的身體，但你表面上看起來完全沒有變化。）只要這樣的改造沒有影響你的意識能力，你的自我就會存活。[4]

4　我們心智的核心 —— 我們的 C- 系統 —— 並不只是由基本的感官經驗組成，記住這一點也很重要。基本的感官經驗的確存在，但是，一個典型成年人的意識能力是一個複雜的心理系統不可或缺的部分。如果不是這樣，我們的意識流就不會如此豐富、複雜、多變，（它們確實）包含了有意識的思想 —— 這往往以語言的形式表現出來 —— 還包含了記憶的形象、有意識的意圖、慾望、追求、恐懼等等。如果沒有一個強大的認知系統，我們就不會像現在這樣，能夠把我們的感官經驗概念化：一個新生兒（或者一隻狗）面對一棵樹的時候，可以在視覺上記錄它，但他們並不能把它作為一棵樹來看待。不過，這一切複雜的細節不會影響基本的

自我和未來

當然，因為吸血鬼而引起的身體改造只存在於虛構作品裏。然而，將來的技術發展也許會讓同樣徹底的身體改造成為可能。

所謂的納米機器非常小，以至於可以通過人的血管，在細胞的層面進行複雜的機械和化學操作。我們目前的納米技術還處在繈褓階段，但是已經有了迅速的進步，因此再過五十年，以下所描述的延長生命的方法完全可能成為例行程式。讓我們設想，你剛滿二十五歲，通常在這個年齡神經開始出現衰退，和你的朋友、家人一樣，你決定要停止這個衰退過程。你在當地診所預約，躺到一張牀上，納米機器被注射進你體內。納米機器會對你的大腦進行改造，將每一個神經元替換為同等大小的、矽膠原料製成的替代品。雖然每次你只有極其細小的一部分大腦細胞被除去，但這個機器的工作速度很快，過了幾個小時，你就有了**一個全新的大腦**，這個大腦是完全非生物的，可以維持好幾百年。由於在這個過程中你保持清醒和完全有意識的狀態，因此很明顯，你在這

情況。認知方面複雜的經驗能力集合依然是 C- 系統，在我們將 C- 系統和持存着的自我相關聯的時候，唯一重要的就是構成連續的意識之流的能力。在《現象的自我》(The Phenomenal Self) 第 6 章裏，我詳細地討論 C- 系統和心智其他部分之間的關係。

個過程後依然存活。然而，如果你連續的存在系於你原先的大腦，那你就不會、也不可能存活。

不知道未來會發生甚麼，並不能阻止我們認識到，甚麼是可以存活的，甚麼是無法存活的。如果我們是 C- 系統，那麼我們已經知道，如果未來的改造徹底改變了我們的物理形式，但卻保留我們的意識能力，那麼，這就是可以存活的；如果不是這樣的情況，那就是無法存活的。如果前述的那個過程成為可能，而這個過程沒有阻礙（或者消除）一個人的意識能力，那麼根據 C- 理論，這是完全可以存活的。C- 理論將意識能力看作我們唯一的本質屬性，從而使得我們有可能經歷各種改造而存活下去，例如從一個身體換到另一個身體，或者在同一個身體裏發生從人到非人的轉變。我們也可以經受最劇烈的心理轉變而繼續活下去。這樣的心理轉變包括裝配好完全不同的位格，展開虛擬實在之旅。

真實的和虛幻的自我

電影《非常嫌疑犯》（*The Usual Suspect*）裏有一句很著名的台詞（這句話其實部分引自詩人波德萊爾的一句詩），"惡魔耍過的最高明的詭計，是讓世人相信他其實並不存在"。某些哲學家和心理學家會說，我們都是一個類似的高明詭計的受害者：我們上當受騙，以為我們的自我存在着，但是它們其實並不存在。讓事情顯得更複雜的是，耍詭計的正是**我們**。

聽上去，這有點自相矛盾。關於自我的科學思考有一股非常有力的趨勢，而這個想法恰恰位於這股趨勢的核心。最近兩本受歡迎的作品，朱利安·巴基尼（Julian Baggini）的《自我詭計》（*The Ego Trick*，2011），以及約翰·胡德（John Hood）的《自我幻覺》（*The Self Illusion*，2012），都支持這種對自我的看法。這一趨勢的支持者們認為，因為有了心理學、神經科學以及相關學科的發現，如今看來，對於我們自己的真實本質，我們都太容易受騙了。正如巴基尼所言，"自我詭計不是要說服我們，在我們並不實存的時候我們實存着，而是要使我們相信，與我們真實的存在比起來，我們要更加根本、持存更久。我們真實的是甚麼？對此或許會有幻覺，但我們真實地存在着，對此卻不會有幻覺"。胡德也持相似的觀點，他寫道："我們每個人肯定都經驗着某種形式的自我，但是我們所經歷的，不過是我們的大腦為了我們自身的利益而製造出來的強大幻象而已"。

C- 理論被設想為關於自我的說明，因而也是關於我們自己真實本質的說明。這些與自我有關的科學發現是否能夠表明，我在此捍衛的自我構想只不過是另一個幻覺呢？絕對不會。

所謂的"自我"幻覺是複雜的，具有不同的相關方面。

有一個關鍵的幻覺與自我的真實本質相關，其特徵主要是形而上學的。這裏的主要觀點是，我們大多數人都會非常傾向於相信我們是**原子式的**自我，和笛卡兒的靈魂實體一樣，也就是本質上恆定不變的東西，因而能夠持久地、分毫不減地保存我們的同一性。由於在現實中不存在這樣的實體，因此，就我們自己的本質而言，我們受到了欺騙。這一論證大致就是這樣展開的。

然而 C- 理論並**不**認為，自我是原子式的或恆定不變的。C- 系統本來就不是恆定不變的，因為，主體的經驗能力本身會隨着時間的變化發生改變 —— 一個曾經失明或失聰的人（或恢復了視力或聽覺的人）就是明例。我們也無需認為，在特定時刻擁有我們經驗能力的物體本身在性質上是原子式的。如果說，（看上去這個可能性還很大）我們的經驗能力寓於我們的大腦，這個非常複雜、不停變化着的東西，那麼，它就不是原子式的。

自我狡計的第二個方面是心理的（而非形而上學的）幻覺。人們認為，心理幻覺是我們許多人對自己心智的系統理解（誤解）。這樣的幻覺有不少，也有大量非常有趣、而且往往出人意表的相關經驗研究。

我們通常以為，我們的大多數行為，尤其是所有重要的行為，是我們自主的、有意識決定的結果。根據心理學和社會學的發現，我們這樣的想法往往被忽視了，我們的行動實際上受到了社會和遺傳因素影響的程度。儘管我們都知道，有意識地決定做一件事是甚麼樣的，然而有神經科學的證據表明，我們的大腦往往在我們有意識的決定**之前**，就已經選擇了行動的步驟。我們也有關於自己生平記憶的幻象。我們很多人想當然地以為，記憶和錄影差不多，雖然會隨着時間推移而褪色，但卻始終是對我們過去經歷的根本上準確的（雖然不那麼清晰的）記錄。心理學研究已經表明，記憶並非如此。我們對自己生活的記憶，遠比我們大多數人以為的要少得多，並且我們會非常有選擇性地記憶，去記住那些與我們心目中理想的（有可能是並不準確的）自我形象更加契合的事件。我們的記憶不是（心智）記錄的被動錄影，而是積極的重新創作，通常會包含許多虛構的元素。[5]

當然，順着巴基尼和胡德概括的路線而開展的研究是很有趣的，而且從許多方面看，也可能是非常重要的。但是，關於我們到底是甚麼，這樣的研究能告訴我們甚麼呢？

這些研究結果都表明，我們的**心理**自我（我們也許會這麼稱呼它們）與我們通常以為的相比，其實遠沒有那麼連

---

5 "我們的同一性是我們記憶的總和，而最終記憶是流動的，會隨着情況而發生改變，有時候完全就是虛構的。這意味着我們不能信任記憶，而這也會連累我們的自我感。請注意，這一點如何給我們留下了一個刺眼的悖論——沒有一種自我感，記憶就沒有任何意義，但自我又是我們記憶的產物。"（Hood 2012: 59）

貫，也沒有那麼穩固。心理的連續性由諸如生平記憶、個性特徵之類的元素組成。如果你按照心理連續性來分析一個人的持存，那麼結果肯定會使得自我的穩固性大打折扣。然而，如果如我在此所論證的，我們連續的存在完全基於經驗而非心理的因素，那情況會非常不同。根據 C- 理論，只要自我的經驗能力還持續着，那麼，即便它可能經歷了某個或所有心理變化，它也依然存在。既然我們的同一性 —— 我們的存在 —— 完全獨立於記憶和個性，那麼，上述**有關**記憶和個性的發現，對我們歷時的持存也就不會自動產生任何影響。實際上，我們享有連續的有意識經驗之流的能力，既不受我們性格中的長期變化的影響，也不受我們個人生平記憶準確與否的影響。我們的決定和行動是有意識決定的產物，還是其他某個（些）因素的產物，它與這些毫不相干。

因此，如果我們把自己視作經驗的主體，而如果我們也相信我們連續地存在着，我們的同一性在連續數十年的時間裏都是完整的、分毫不損的，那麼，我們這就絲毫不是在自我欺騙。因為，只要我們的意識能力沒有受到損害，我們**的確**就是以這樣的方式維持着的。説到自我幻象，並不是所有的自我都可同日而語。

第 6 章　縱身一躍

　　讓我們回到我們的主要問題上來："我是甚麼？""**你**是甚麼？"一個可行的答案必須要能夠說明我們是甚麼類型的東西。它還必須要能夠為另一個問題提供清晰的、有說服力的答案："要是未來有一個人是**我**，那麼我和將會成為我的那個人之間必定會有甚麼關係？"C- 理論認為，只要我們的意識之流連續流動，我們就不可能不再繼續存在。在這一想法的推動下，C- 理論將我們等同於經驗主體，而經驗主體本身僅僅是由經驗能力組成的。這個理論還認為，正是那產生一個單個的意識之流的能力，使得產生經驗的能力（包括活躍的和蟄伏的）能夠屬於不同時段的一個單一的主體。

　　意識之流處在 C- 理論的最核心處。如果我們的理論要有堅實的基礎，那麼最關鍵的一點是，意識之流必須確實具備任意時間點以及歷時的真正的統一性。否則，我們就會缺乏關於我們歷時持存的**某個**説明，更別説是一個讓人信服的説明。在本章中，我們將開展一項新的探索。我們會躍入我們的意識之流，力圖發現我們的意識所具備的到底是甚麼類型的統一性。

隨着我們意識的流動和改變，我們任何一個給定時刻的經驗看上去都是統一的：我們所見的和我們所想的同時得到了經驗。從一個時刻到另一個時刻所感受到的經驗之流本身就是統一性的一種特殊的形式，是某一段**時間段**中的統一性，而不是某個**時間點**上的統一性。統一性的這些形式應該如何才能得到最好的理解和解釋呢？

這些與統一性以及我們日常經驗結構相關的問題，或許看起來相當地抽象難解。然而它們是至關重要的 —— 許多東西都繫於其上，尤其是 C- 理論的可行性。在我們生命中，醒着的每一刻都有意識相伴；我們真切地感受到，意識是我們最切近、最熟悉的東西。然而，我們意識的一些最基本的特點是相當令人費解的，對於它們存在着許多相互競爭的不同説明。而且，其中一個説明還攜帶着對自我的一個新的構想。

統一性

我們首先從某個**時間點**上意識的統一性談起。稍後我們還會談到某個**時間段**中的情況。為了把統一性的這一形式看得更加清楚，我們有必要先做幾個簡單的練習。

從你能看到的開始，注意這樣的事實：你視野右半邊的內容和左半邊的內容是一起被經驗到的。[1] 這一視覺經驗的事實顯而易見，你也許從未停下來對此進行思考。即便如此，不可否認的是，你所看見的左邊和你所看見的右邊**確是**一起被經驗到的。以這樣的方式一起經驗到的經驗就被稱為"共同被意識到的"（co-conscious）。

現在，對你的聽覺做同樣的練習。當你接下來同時聽到兩個（或者更多）聲音，請注意它們也是以共同意識的方式被聽到的。接下來，將注意力集中幾秒在你不同的身體感覺上 —— 為了簡單起見，我們將你感到的任何味覺和嗅覺都包括於身體感覺這一範疇。請注意你是如何能夠**感受到**自己四肢擺放的方式的 —— 你不需要看，就會知道你的胳膊是否交疊，或者你的腿是否交叉。還要請你注意你能感受到的壓力，在你的腳上，或者在你的背上。你相信你完全知道自己身體的感覺，這時候請注意，這些是怎樣作為單個統一的感覺場的一部分而一起被經驗到的。舉例而言，你後背上的壓

1　當我們最初碰到這個語境中對"內容"這一術語 —— 也就是指意識狀態某些方面或某些部分的"內容" —— 的用法時，可能會覺得不解。但是，如果一座屋子或一個房間可以有內容，我們的意識也可以有內容。我們當前意識的內容就包括了你當前正在經驗的一切東西。

力感覺，與（比如説）你舌頭上的薄荷味覺是如何共同被意識到的，而你舌頭上的薄荷味又是與你的輕微頭痛共同被意識到的。你的視覺和聽覺場形成了一個統一的整體，你的身體感覺場也是統一的整體。

接下來，再加入你的有意識的思想 —— 你內心獨白的內容 —— 以及任何在你的心智中可能閃過的內心意象。如果你和大多數人一樣，這一切就會似乎出現在你的眼睛後面、兩耳之間的位置。最後一步，請開始注意，這些不同類型的經驗本身如何**彼此全部都是共同被意識到的**。你的思想和你身體的感覺是共同被意識到的，你的聽覺和視覺是共同被意識到的。換言之，你經驗的**每一個**部分，在任一特定時間點，都是和你經驗的每一個其他部分共同被意識到的 —— 因此，你的經驗的所有部分都屬於一個深度統一的意識場。

假定我們的意識**就是**以這樣深入而獨特的方式而統一的，那我們對此該作何評論？我們應該如何理解這種形式的統一性呢？由於大腦和意識之間的關係還依然是個謎，因此，我們就無法指望在這方面能得到甚麼啟發，儘管隨着神經科學的進步也許會出現一些洞見。但是，關於僅僅涉及純經驗層面的意識的統一性，還是可以有探討空間的。**在我們的經驗裏邊**，有沒有甚麼東西可以幫助我們更好地理解經驗的統一性？

進入自我

　　再考慮一下你現在正有着的各種不同類型的經驗。看上去，可以說你**覺察**到了你正經驗着的一切。你覺察到了你正在看——你面前的這頁書，環繞的房間——你也覺察到了你身體的感覺，你有意識的思想，遠處汽車喇叭的聲音，還有你總體上的心情。由於你（通常）不會同等地注意到在一個給定的時刻構成你意識的全部經驗，因此，你也沒有同等地覺察到它們，然而你對它們**多少有些覺察**，哪怕只是隱約地覺察。你絲毫沒有覺察到的一個經驗，不會是你意識的一部分。

　　這個簡單的事實意味着，你對於自己正在看到甚麼的覺察，和你對自己正在聽見甚麼的覺察，這兩者之間並無區別。同樣，你對於身體感覺的覺察和聽覺經驗的覺察，也沒有甚麼區別。只有一個**覺察**（one awareness），它接收了你現在意識中所有的、各種各樣的部分和方面。你的意識的所有內容都是統一的，這難道不是因為它們都同屬一個單一的覺察的範圍嗎？

　　如果對意識之統一性的這個說明是正確的——如果**的確有**一個單一的覺察，能夠在任何時刻都將你的經驗統一起來——那麼，一個典型的經驗着某物的片段就具有一個雙向的結構，如下圖所示。

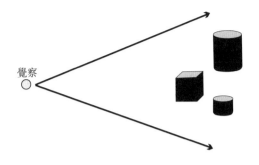

　　在圖的右邊是你的意識在一個給定時刻的所有內容。這些內容不僅包括在你視覺經驗中出現的那些物體及其屬性，還包括你的意識所包含的一**切** —— 思想、內心意象、聲音、身體感覺、嗅覺、這一切。圖示的左邊是能理解這一切內容的覺察。

　　現在，如果意識一般都具備這一覺察—內容的結構，那麼這裏浮現的問題就是，自我或者主體（或者你，我）在圖中的位置在哪？對這個問題的回答之一是，主體就是這個覺察。畢竟，難道經驗不正是我們所具有的嗎？難道"具有（having）"某種感覺不就等於"覺察到（being aware）"這種感覺嗎？對自我的這一構想，純粹而簡單地將自我看作是一種**覺察**，看作是經驗的核心。它常常被稱為**純粹自我論**（Pure Ego theory）。這種考慮自我的方式和笛卡兒所堅持的不一樣，因為它並沒有主張自我由某種非物質的東西構成的。根據這一觀點，自我是**覺察**，就這麼純粹而簡單。[2]

2　笛卡兒的非物質自我常常被稱為"笛卡兒式的自我"，儘管這一說法只不過把事情弄得更加令人費解。

我們的本質就是要有所覺察，這一主張與我們通常對自己的感覺和談論是一致的。畢竟，在我們醒着的時候，總會覺察到某些事物，所以會説出這樣的話來，比如"電話一定是響了好一會了，可我剛剛才覺察到"，或者是"我頭疼得實在太厲害了，以至於我每時每刻都覺察到了頭痛"。在另一個方面，純粹自我論又巧妙地迴避了哲學家大衛·休謨（David Hume）對自我提出的質疑。休謨是一個著名的走強硬路線的懷疑論者，他堅持認為，一個表述只有在有經驗性的——即可觀察的——證據時才應該得到認真對待。他認為，無論我們多麼努力地進行內省，我們永遠只會發現某種經驗性的內容——聽覺的、視覺的、觸覺的等——無論我們多麼努力，我們永遠都不能在我們的經驗中發現任何可以被建構為自我的東西。純粹自我論的支持者們指出，休謨指望用這樣的方式尋找自我是不對的。你無法看見你的眼睛，這一事實並不意味着你就沒有眼睛。如果自我是察覺着我們意識內容的那樣事物——如果這些內容就是呈現給它的——那麼，它就顯然不會出現在這些內容**當中**。

　　此外，由於純粹自我擁有的唯一本質屬性就是覺察，所以，這樣的自我從一個身體移動到另一個身體，或者從給一個心理系統移到另一個心理系統，就不存在任何障礙了，至少原則上是沒有障礙的。我們是否撞上了一個 C- 理論的可行的競爭者？

自我統一性

不幸的是,純粹自我論的前景也並不是一片光明,它至少有一個非常不討人歡喜的特點。笛卡兒的自我是非物質的,因而也就不怕槍擊或者疾病(這一點上它與我們的肉身不一樣),但他們在一樣事情上無法幸存:無夢的睡眠。純粹自我同樣也很脆弱。如果我們失去了意識,我們就甚麼也覺察不到了。由於自我**就是**覺察,因此,失去意識對這樣的自我而言就是致命的。

純粹自我論一開始之所以進入我們的視線,是因為它提供了一種關於意識統一性的說明。如果我們可以無需借助於自我,而用其他的方式來說明意識的統一性,那麼,設立自我的理由也就消失了。

實際上,我們不需要想太遠就可以找到替代品,一個完全不涉及自我的對意識統一性的說明。想想你的經驗的統一性是甚麼樣的,想想你的身體感覺、你的有意識的思想、還有你所看到的、聽到或聞到的東西,它們共同被經驗到的方式。這些複雜狀態的特點及決定性特徵是,它們的所有部分都是共同被意識到的,即它們是**作為**統一的東西而被經驗到的。如果我們的意識狀態是以這樣的方式而根本上統一起來的 —— 它們的確就是這樣 —— 那麼,看起來好像就沒必要有一個旁觀的自我去規定或解釋它們的統一性了。

這樣思考意識統一性的方式有許多擁護者，其中最有影響力的是威廉・詹姆士（William James），著名的心理學家兼哲學家，小說家亨利・詹姆士（Henry James）的哥哥。1890 年，詹姆士出版了《心理學原理》（*The Principles of Psychology*），該書巧妙地將心理學、生理學和哲學融合在了一起。在該書中，詹姆士試圖將所有關於大腦、心智和經驗的已知科學事實綜合起來。讓詹姆士的工作與眾不同的，除了完全的雄心，還有他對經驗的細微差別的把握，以及他用生動的語言去描述經驗的能力。幸好有了詹姆士的《心理學原理》，我們現在知道意識像一條河流，也知道孩子對世界的第一次經驗是一次"盛大嘈雜的混亂"。在第九章"思想之流"（The Stream of Thought）的開頭一段中，詹姆士給出了以下的觀察：

> 大多數書都以感覺開篇，將其看作是最簡單的心理事實，然後綜合地展開，自下而上層層建構論述。但是，這樣做是在放棄經驗性的研究方法。從來沒人有過單一的感覺本身。意識，自我們出生之日開始，就是各種物體和關係組成的豐富的多樣性，我們所說的單一感覺，是識別性注意力（discriminative attention）的結果，往往還需要程度很高的識別性注意力才可以做到。

這個論題在他後來的作品中也提到了 —— 例如在 1904 年的文章"純經驗的世界"（A World of Pure Experience）

中，詹姆士將他在經驗的性質和結構問題上的哲學立場定義為"**徹底的經驗主義**"（radical empiricism）。至於自我，詹姆士和休謨的觀點一致：他相信自我甚麼也不是，只是一個裝模作樣而又毫無意義的理智偏差（intellectual aberration）。至於不牽涉自我而解決意識統一性問題的前景，正如詹姆士所見，休謨的問題僅僅在於，他沒有成為一個足夠**徹底的**經驗主義者，他還沒有充分地注意到我們在自己的經驗中實際地發現的東西：

> 為了徹底，經驗主義一方面必須在其建構中排除任何並非與經驗直接相關的元素，另一方面必須將所有與經驗直接相關的元素涵括進來。對這一哲學思想而言，連接經驗的關係本身也必須是被經驗到的關係，而任何被經驗到的關係都必須與系統中的其他任何東西一樣被視為"真實的"。

換一種方式說，當詹姆士進行自省的時候，他並沒有找到休謨所聲稱的那些"鬆散而分開的"經驗。遠不是那樣的。我們不僅僅是經驗到一個杯子和碟子，我們經驗到的是杯子**壓在**碟子上。當你看到一隻掉落的茶杯在地板上摔得粉碎，你看到和聽見的破碎，這兩者不是分開的經驗，它們是共同被經驗到的。對於詹姆士而言，我們意識的不同部分之間明顯存在着一定的關聯，既然這些統一的關聯顯然是共同存在於我們的經驗中的，那麼，一個經驗主義者就沒有理由不承認它們的實在性。這一切特定的關聯方式有一個共同點，即所討論的專案是作為一個單一的、更為包容的意識狀態的諸多部分而共同被經驗的。或者，用一個我們已經使用過的術語，這些以此方式而被統一起來的經驗乃是**共同被意識到的**（co-conscious）——這也是詹姆士本人用過的術語。

一個多餘的自我

如果說，覺察這樣一個中心既不存在，也不需要，那我們是覺察所位於的中心這一思想為甚麼聽上去很合乎我們的直覺呢？

一般來說，我們都從某個特定的、相當小的位置出發，也就是從我們的身體出發，以此為據點去感知我們的環境。我們有意識的思維似乎發生在我們的頭腦中，我們似乎也是從自己的眼睛後面去看這個世界。因此，在這個意義上，第119頁的那個圖像將我們歸約為一個純粹的、沒有形體的覺察，這不符合我們日常的經驗。

但是，這並不是說，我們就無法想像自己作為一個沒有形體的覺察形式而存在。最簡單的方法就是想像自己被歸約為一個完全**沒有身體的視點**（bodiless point of view）。如果你開始這樣的練習，你會發現自己正在想像你（以一個思維主體的形式）置身於你的感覺場的中心。你會覺得，**你**似乎身處你感知這個世界的出發點。但這並不意味着你真的**就是**在以純粹自我或其他某種形式而置身於那裏 —— 請記住那個關於丟失了的大腦的故事。

說到我們作為有意識的、思考着和感知着的主體對自己到底置身於何處的感覺，這與我們大腦的實際位置 —— 或者任何那些維持或產生意識的東西所在的地方 —— 大體上並不相關。如果你的意識其實是由缸中之腦產生的，但是這個放在缸裏的大腦與你的感覺系統相連，從而與你的身體以及你的感覺器官保持正常聯繫，那麼，你的大腦不在頭顱裏邊這一事實，完全不會影響你的全部經驗的特性。你會覺得，你就是在頭腦裏進行思考的，也正是通過你的眼睛去凝望這個世界，即便你那個被取走大腦的頭顱實際上是空蕩蕩的。

因此，將我們看作是覺察的所處中心，這一看法雖然在直覺上看起來是對的，但這並不是因為它提供了關於我們意識結構的正確理解。這只是因為我們具有一種強大的直覺性傾向，覺得我們自己身處我們感知場的正**中心**位置，而不是根本不處於任何地方（或是完全處於其他某個地方）。

經驗之流

關於在特定**時間點**上經驗的統一性，已經說得夠多的了。我們還得看故事的另一半：在某個**時間段**中，意識的統一性和連續性，正如我們在日常的意識之流中會發現的那樣。C 理論依賴於如下論斷，即我們從一個時刻到下一個時刻的經驗之流構成了心智連續性的一個特別形式。這一論斷是否正確呢？

第一個必要步驟是，澄清我們的意識**是**以怎樣的方式而歷時地連續的。自詹姆士的《心理學原理》之後，"流"和意識常常會連用。在《心理學原理》中，詹姆士使用了如今眾所周知的一個術語"意識之流"（stream of consciousness）：

> 那麼，意識本身看上去並不是被斬斷成小塊的樣子。用"鏈條（chain）"或是"長隊（train）"這樣的詞語來描述意識最初的自我呈現並不恰當。意識並不是鏈結而成的東西；它流動着。"河（river）"或"流（stream）"這樣的隱喻能夠更加自然地描述意識。（1980:239）

河或者流的一個特點是它們的連續性：它們無處不是處於運動之中的，至少在我們看來它們是如此的。詹姆士還在〈純經驗的世界〉（A World of Pure Experience）一文中指出，我們的經驗也是連續的，以一種特殊的方式而是連續的："我能感覺到的就是，當我的經驗的後一刻接上前一刻的時候，雖然是兩個時刻，但從一個時刻到另一時刻的轉換是連續的。在這裏，連續性是一種明確的經驗"。

因此，如果詹姆士沒錯的話，我們的意識之流就不僅僅只是經驗的相繼，不存在沒有經驗發生的缺口和間隔。毋寧說，意識之流包括了**連續地被經驗到的相繼**（continuously experienced successions）。而我們的經驗常常的確看起來就是這樣的。當我們看到河水流過，或是聽到一系列音符的相繼 —— 或者同一個拖長的音符 —— 我們感覺到我們經驗的每一小段都由隨後的一個小段接替，接替的方式天衣無縫。

承認我們經驗的連續性特徵，與承認我們意識之流中也包含着離散的、輪廓分明的內容（例如一個針刺的感覺，有人"篤篤篤"地敲門，或是照相機的閃光），這兩者是相容的。詹姆士認識到了後者，但他認為，它們並沒有令意識之流的連續性破裂，正如"竹子上的竹節並不是竹子的斷裂"（1890:240）。他這樣說是表示，（比如說）一個突然的、離散的聲音發生了，與大量的**其他**形式的經驗 —— 包括你的身體感覺，你的視覺經驗，你的情緒和思路 —— 相對。你所感到的連續性，你所感到的這大量背景經驗的流動 —— 這一大塊是我們平時根本不會注意到的 —— 通常並不會被突然發生的聲響、閃光，或刺痛打斷。

一個暫時的悖論

如果我們的意識之流是以這樣的方式構成的，那麼 C-理論看起來就有了堅實的基礎，因為我們的經驗具備深深的、獨特的**經驗上的**連續性。

然而，依然還有一個障礙。我所謂的經驗之"流"並不是甚麼神秘的東西，它包括的就是變化（change）和持存（persistence）的經驗。當你看到夜晚道路上的車流，單車手在自行車館裏飛馳，你都會直接地經驗到運動，因此也會經驗到變化。當你聽到一個持續的噪音，你會經驗到**持存**—— 即在某段時間連續而不發生變化的東西 —— 當你躺在浴缸裏，享受着皮膚上感受到的持續不斷的溫暖感覺，情況也是如此。

到目前為止，一切都很好。但是，現在有一個問題出現了。下列的三種表述似乎都是正確的：

（1）變化和持存都要花時間。當一個事物的屬性在時間中發生變化，它就發生了變化。如果一所今天被油漆成白色的房子，昨天還是藍色的，那麼它就改變了顏色。如果它還是藍色的，它的顏色就沒有改變。

（2）我們的即時經驗（immediate experience）發生在現在。我們可以回憶過去，我們也可以預期將來，但我們的即時經驗則局限於**現在**。

（3）對現在的正確的理解是，它是將過去和將來區分開的那一刻。因此，現在沒有任何時間長度的延展，它是過去與將來之間的一個沒有延續的 —— 暫態的 —— 介面。

如果（1）、（2）、（3）都是正確的話，那麼我們即時的（即時的）經驗都發生在瞬間性的現在。由於變化和持存均在時間段中展開，而我們的即時經驗只發生於一個瞬間性的事件之中，那麼我們就無法直接經驗到變化和持存了。然而我們的確是經驗到了這些的。因此，我們就有了一個悖論。看起來，我們的經驗不可能是它看起來的樣子 —— 它不可能如其所**是**。

……解決之道

面對這樣的悖論，有些人已經承認我們的經驗並非是它看上去的那個樣子，我們的意識之流由一系列瞬間的相繼構成，這些瞬間的內容都是完全靜止的，因此我們不是用我們看似採取那種方式來看事物的移動或聽音符的。

但是，這並不是對此悖論的唯一回應方式，而且我也不認為這是最好的回應方式。讓我們暫且放下（1）和（3），先仔細看看（2），"我們的即時經驗發生在現在"這個主張。這種觀點與我們的經驗始終是動態的、始終是流動着的這一觀點，怎樣才能協調？這**兩種**立場怎麼會看起來**都**如此正確呢？

解決這個悖論的方式就是接受，我們的即時經驗**不是瞬**間的，而是實際上會延伸一小段時間——該時間段足以包含我們能夠直接理解的變化。想一想，看見交通燈從紅色變成黃色再變成綠色是甚麼樣子，你知覺到每一個變化，但是它一旦變綠，你就不再將其看作紅色的了，儘管你還記得你看到過紅色。當然，一秒鐘和一瞬間有很大區別。一秒鐘完全足夠讓變化發生並被經驗到，一瞬間卻不能。

　　因此，從經驗的角度出發，看似"現在"的東西，實際上是**非－瞬間的**（non-momentary）。在《心理學原理》中有一段著名的討論，詹姆士將其稱為"似是而非的現在"（specious present），並將其描述為是"我們所構想的一切時間的原初典範和原型……是我們能夠即刻地、不間斷地感覺到的短暫延續"。在另一段文字中，詹姆士更進一步提出，現象意義上的現在（the phenomenal present）

　　　　並不是刀刃，而是馬鞍，它自己有一定的寬度……從一端到另一端之間相繼的關係，只有作為這個延續塊的部分才能夠被理解。我們並不是首先感受到一端，然後再感受到另一端，並從相機的知覺推導出其中的時間段。實際上，我們似乎是將該時間段感受為一個整體，該時間段的兩端都嵌於這個整體當中。（1890:609—10）

　　詹姆士説到了"連續塊"（duration-block），這是一種有用的辦法，能幫助我們構想並形象地理解現象意義上的現在。如下圖所示。

　　三角形代表單個的現象意義上的現在，一個有一定時間長度的經驗"塊"。實際生活中，**現象意義上的現在**是整個意識之流中的短暫時期，因此（通常）會有非常複雜多樣的內容。但是在這裏所描繪的情況中，內容是相當簡單的：它包括看到一支箭移動了很短的距離，從 A 到 B。

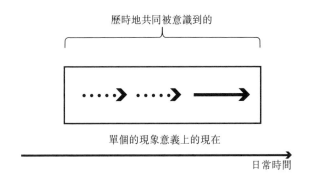

歷時地共同被意識到的

單個的現象意義上的現在

日常時間

　　顯然，現實中箭射出來的那"嗖的一下"，用這樣靜態的畫面無法完全表現，但它可以很容易就得以想像。這一點非常重要：現象意義上的現在，其內容在特徵上一般都是**動態**的。方塊上方的括弧是提醒我們，單個的現象意義上的現在是一個**統一的**經驗片段。整個事情是**作為**一個整體而經驗的，延續了很短的一段時間。

　　討論特定時間點上的意識的統一性，也就是存在於同時性經驗裏的那種統一性的時候，我們採用了一個術語 "共同被意識到的"，它指的是在一個統一的整體中一起被經驗到的經驗。由於一個現象意義上的現在的先前部分和後來部分是一起被經驗到的，那它們是否也是共同被意識到的呢？如果我們將 "共同被意識到的"（co-conscious）直接理解為 "一起被經驗到的"（experienced together），那麼的確可以這樣說。然而，它們一起被經驗到的方式與在一個時間點上的情況不一樣。就現象意義上的現在而言，其經驗的內容是以依次的（successive）而非同時的（simultaneous）方式被經驗到的。為了標明這個區別，我們可以說，這些經驗是**歷時地共同被意識到的**（diachronically co-conscious）。

建造意識之流

我們已經解決了我們的時間悖論，關於現象意義上的現在包含了甚麼，我們也有了一個相當清晰的想法。但是，現象意義上的現在如何結合起來，構成整個意識之流呢？如果一個現象意義上的現在持續不會超過一秒左右，而一個典型的（人類）意識之流會持續大約 16 個小時（對於喜歡下午小憩的人而言，這個時間段還會再短一些），那麼，一個單一的意識之流中會有相當大數量的現象意義上的現在。這些經驗片段是如何相互關聯起來的呢？

一個可能是，同一個意識流中相繼的現象意義上的現在，以水準堆砌的方式一個挨一個地存在着。這類結構就如下圖所示。這裏的 A-B-C-D 表示一系列短暫的聲音，作為連續的整體而得以經驗。A 和 B 是歷時地共同被意識到的，它們是構成現象意義上的現在 P_1 的部分，C 和 D 也是歷時地共同被意識到的，同為構成後來現象意義上的現在 P_2 的部分。

然而，經驗的這一結合實際上並不能提供我們所需要的一切。要是你想聽到 A-B-C-D 這個聲音序列，你將會聽到 A 流入了 B，B 流入了 C，而 C 流入了 D。以上顯示的這個"流"包含了在 P_1 這個時間段 A 流入 B 的經驗和在 P_2 這個時間段 C 流入 D 的經驗。但是，並沒有任何現象意義上的現在，在其中我們經驗到 B 流入了 C，雖然在一個典型的意識之流中，**所有**短暫片段之間的轉換都是以同樣的方式被經驗到的。

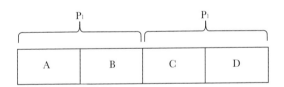

為了說明 B 確實被經驗為流入了 C 這個事實，我們需要引入一個額外的現象意義上的現在，它以下圖 $P_{1.5}$ 的方式同時延伸到了 B 和 C。換言之，我們需要明確地承認，B 和 C 也是歷時地共同被意識到的。

必須注意的一點是，現象意義上的現在以這樣的方式重疊，這並不意味着所有的一切都重複地得到了經驗。在 P_1 中存在的對 B 的經驗以及在 $P_{1.5}$ 中存在的對 B 的經驗，是**同一個**經驗片段，其結果是，B 只會被經驗一次。相鄰的現象意義上的現在有共同的部分，因此發生重疊。同樣，如果你的花園和我的花園有一堵共同的牆，那麼間隔我們花園的就只是一堵牆，而不是兩堵牆。

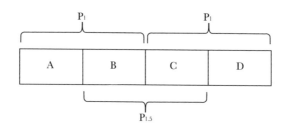

而且，沒有必要將同一個意識之流中的現象意義上的現在，看做正是上圖所示的那樣間隔開來的。根據我們經驗的完善程度 —— 這依然是個尚未有定論的問題 —— 很容易就可以有一個更進一步的現象意義上的現在，它從 A 的一半延伸到 C 的一半，或從 B 的四分之三到 D 的四分之三。無論這些現象意義上的現在相隔得多麼近，既然它們只要有一部分是共同的，它們就是重疊的，那一切都還是被一次性地經驗，而不是被重複地經驗的。

目前，關於我們的意識之流如何成為它們看上去的樣子，我們有了一個連貫的說明。我們能夠經驗到變化和相繼，因為這些都發生在現象意義上的現在，這樣的現在**並不是嚴格地可稱為瞬時的**。我們意識之流可以被經驗為在一個較長的時間段裏連續的，因為，它們是由一系列現象意義上的現在組成的，而這些現在之間由於共有一些部分而相互重疊。[3]

洞見和啟發

用這樣的方式理解意識之流的結構，為之前的一些結論帶來了新的意義。第四章勾勒的 U-SIM 方案表明，說到我們歷時的連續存在，我們的意識之流是目前最為可靠的嚮導。C- 命題包含了這一洞見，它指出，只要我們的意識連續流動，我們就連續存在，無論我們發生了其他甚麼變化。同樣的洞見後來也用以建構 C- 理論。把屬於同一個主體的經驗能力與不屬於該主體的經驗能力區別開來的，乃是這樣一種能力，它把諸經驗歸於同一個意識之流。這些大概就是我已經談過了。

這就讓我們的意識之流變得十分重要。我們的意識之流

3　像大多數（重要的）哲學議題那樣，總可以找到不同的觀點。對意識之流結構的其他構想的具體討論，還有對這裏所提出的重疊說明的辯護，請見 Dainton(2006) 以及（2010a）。

具備的統一性是否足以承擔如此重任？我們是否需要對意識之流有一個足夠清晰的理解，才能確定這一點？缺乏對意識之流所具有的歷時的統一性和連續性的可靠說明，這樣的疑慮就會是不無道理的。然而，根據本章提供的對意識之流結構的說明，這樣的疑慮看起來就是多餘。

我們在本章的主要的發現是，意識之流不僅具備真正的統一性，而且這個統一性是經驗本身相互之間關係的產物。意識之流可能是大腦這樣的物質東西產生的，甚至也可能是靈魂這樣的非物質東西產生的，然而它們的統一性和連續性是完全經驗的事情。並且，沒有必要設立諸如純粹自我這樣的特異東西來解釋意識的統一性是如何產生的：我們的意識之流（實際上）本身就有統一性。

第7章　重要的東西（和其他東西）

在本章中，我們會回到起點，仔細看看空間傳送是否可能讓我們生存。這個問題會讓我們進一步認識 C- 理論，更重要的是，它也會讓我們認識到生命裏重要的東西。

我們還會追問一個許多人已經討論過的、然而依然相當令人疑惑的問題，即一個一分為二的自我發生了甚麼。正如我們將會看到的，這些問題都是相互關聯的——但是，讓我們先來討論最重要的問題。

空間傳送再探

根據 C- 理論，你和將來某個時刻存在的某人，如果存在着一種產生把你和那個人聯繫起來的如流般意識（stream-like consciousness）的潛能，或者更準確地説，如果你和那個人是 C- 連續的，那麼，你們就是號數上同一的。資訊式空間傳送的過程能否讓 C- 連續性的關係保存下來？

這似乎不太可能。如果你試圖用這個辦法減少去（比如）火星的交通費用，一開始你的身體就要被徹底毀滅。然後，你（實際上）會被化約為資訊模式編入無線電波，除此之外甚麼也沒有，到達火星的正是這些電波 —— 它們的旅程差不多需要半小時。火星上接收到這個無線電信號以後，其中包含的資訊就被用於重建與你出發時候的身體一模一樣的複製品。你和這個新製造出來的複製品之間會是 C- 連續的嗎？唉，不是。這是因為，人腦有產生經驗的能力，而電波或光波裏邊的資料編碼模式沒有這個能力 —— 縱使這些資料的確允許重建一個能產生經驗的物質大腦。

因此，根據 C- 理論，這種空間傳送的形式不是四處逛遊的辦法，而是殺人的方法。

對於我們當中那些厭倦了傳統交通工具的勞頓的人而言，這大概是個壞消息。而對於 C- 理論而言，這也可能是個壞消息。因為，有人會認為，如果有可供使用的空間傳送科技，**拒絕**充分和經常利用這一科技是愚蠢至極的，因為它保存了對我們連續的存在而言一切可能重要的東西。這是德萊克・帕菲特（Derek Parfit）在《理與人》（*Reasons and Persons*）一書中關於空間傳送的討論得出的結論。當時，他在考慮如何把自己送到火星上去：

> 在我看來，我和自己的複製品之間的關係包含了根本上重要的東西。這個關係差不多和平常的生存一樣好……平常的生存，在我看來，與被毀滅而後被複製相比，好不了多少——或者一樣糟糕。因此，花更多的錢用傳統的太空船的方式去旅行，是不合理的。

帕菲特與他空間傳送後的複製品，是通過因果上得到認可的心理連續性、而不是通過 C- 連續性得以關聯的，而並非通過 C- 連續性。如果帕菲特與他的複製品之間的關係與平常的生存一樣好，那麼 C- 理論就有麻煩了。假設 C- 理論是對我們歷時同一性的正確說明，那麼帕菲特與他的複製品之間關係，就絕對不會和普通的生存一樣好。

星際迷航又如何？

那麼，帕菲特這樣地主張是不是錯誤的呢？我認為是錯的，我將在本章中對此進行論證。然而，讓我們先來仔細看看另一種——我們非常熟悉的——空間傳送方式，也就是在《星際迷航》不同版本的電視劇和電影裏所看到的那種傳送方式。《星際迷航》式空間傳送包括甚麼？這個過程是否能夠讓我們活下來？

完全按照我們在熒幕上看到的 —— 按下一個按鈕，被傳送的物件就消失為一道光暈，然後在另一處的一道光暈裏重新出現 —— 看上去，我們在這裏面對的就像是資訊式空間傳送。如果是這樣，那麼 C 連續性就不會被保存下來，這個過程就會是致命的。然而，實際上發生的事情要比我們眼睛看見的多得多。

細節錯綜複雜，不過，我們的討論並不需要考慮星際迷航中的一系列知識，例如模式緩衝（pattern buffers）、海森堡補償裝置（Heisenberg compensators）、轉換線圈（phase transition coils）、約束光速（confinement beams）之類。這裏的關鍵點是：在星際迷航式的空間傳送中，"光束"裏傳送的不僅僅是一種資訊模式。當"進取號"上的成員看似在傳送台上消失之時，他們的身體也轉換為一道粒子流 —— 一道"離散的亞原子物質流"（subatomically debonded matter stream）—— 這些粒子並沒有被棄置，而是被傳送到指定地點，並被用以重建和那個隊員出發時候一模一樣的複製品。[1]

這一過程和資訊式空間傳送有很大區別。在資訊式空間

1　以下是《星際迷航：下一代技術指南》（*Star Trek: The Next Generation Technical Manual*）中相關段落的全文："啟動，解體。分子影像掃描器導出傳送主體的即時量子分辨圖式。同時，主傳送線圈和相位變換線圈把主體轉化為離散的亞原子物質流"。（Sternbach and Okuda，1991: 103）

傳送中，原先的物體被完全毀滅了，留下的物質和能量並沒有送到任何地方去。在星際迷航式的空間傳送過程中，重新製造出來的物體是由和原先物體相同的基本物質構成的。我們完全可以認為，這個過程成功地將一個物體從某個位置移動到了另一個位置。畢竟，如果你的電腦被拆分成零部件之後，在另一處把它們重新組裝起來，你肯定會認為，組裝好的電腦**就是**你原先的電腦。星際迷航式的空間傳送不正是這一移動方式的極端形式麼？它要快得多，被移動的元件要小得多，但是其中的原理可以說是相同的。如果電腦（或者汽車、桌子）可以拆成零部件，運到別處重新組裝之後依然存在，那麼我們為甚麼不可以呢？

然而，就我們**個人**的生存而言，重要的是，C- 連續性是否會得到保存，而這一點並不明確。在空間傳送裝置啟動之前，你是有大腦的，大腦具備經驗能力；過了一會兒，你被還原成了一道穿越太空的粒子束或能量束，而以這種形式，你顯然根本就不具備任何經驗的能力。

然而，又一次，事情並不像一開始看上去的那樣。有幾集《星際迷航》中，我們發現了，從第一人稱的視角看，空間傳送是甚麼樣的（例如《星際旅行：下一代》（〔*Star Trek: The Next Generation*〕，其中有一集“恐懼地帶”〔The Realm of Fear〕）。有趣的是，似乎空間傳送的主體在整個過程中都是完全清醒的（例如，他們看得見那些旋轉的彩光）。能夠保存意識連續性的空間傳送模式，當然也就是能夠保存自我的。[2]

因此，喬迪·拉·福格（Geordi La Forge）說，空間傳送是最安全的旅行方式，而在這個語境下，他陳述的是事實，至少從 C- 理論的角度看是這樣的。

重要的東西

C- 理論與《星際迷航》式的空間傳送可以存活這一說法，兩者之間完全相容，這根除了一種潛在的反對意見，但並沒有能幫助我們評估帕菲特所激發的反對意見。帕菲特認為，純資訊式空間傳送保存了主體的生命中一切根本上重要的東西。那麼，在生命中真正重要的到底是甚麼呢？

我們大多數人都會特別在意我們未來的生活和自我。這有許多不同的說法，比如"自我中心的關切"，"自我關切"，還有"審慎的關切"等等。（我們對過去的自我也有一種特別的關切──比如說，只有在想到我已經完成的行動時，才會感到羞恥或自豪──但在這裏，我們集中考慮的是未來）。事實上，這種自我指向的關切會以不同的方式和程度

2　關於《星際迷航》式空間傳送，相關資源請見：www.calormen.com/Star_Trek/FAQs/transport_faq.html 以及 www.en.memory-alpha.org/wiki/Transporter。

表現出來，也會被各種不同的情況觸發。

　　如果我知道明天有人要遭到折磨，我也許會感到關切，但是如果我知道是**我**會遭到折磨，那我就會以非常不一樣的──也是非常直接的──方式去關切。如果我知道我遭到折磨之後還會被處死，我實際上將會極度關切：我會經驗到與我自己死亡或不存在的前景關聯着的特別的、存在上的恐懼。也有很多程度較弱的、**單純偏好的**（merely preferential）關切。我花了好多時間學習，（比如說）彈得一手好鋼琴。如果發生了一場事故，剝奪了我彈琴的能力，我也會非常痛苦，然而這並不是我的末日──我對於失去這個技藝的恐懼，和我對死亡或折磨的恐懼，這兩者是不可同日而語的。有些事物只在偏好的意義上才顯得重要，我們更願意擁有它們，而不是不擁有它們，但失去它們並不會威脅到我們的存在。

　　這些常見的、關於自我指向的關切的事實很容易從 C-理論的角度來解釋。我本質上是一個經驗主體，我把這個主體──即我所是的這個主體──稱為 S。如果 S 在將來存在，那麼**它**所具備的經驗顯然就將是**我**所具備的經驗。既然我對**我的**經驗的性質有一種特殊的關切，那麼我對 S 也就有一種特殊的關切，我也能夠預期會經驗它所經驗的東西，因此也會對那些經驗有一種特殊的、自我中心式的關切。

根據 C- 理論提供的有利視點，心理連續性是非常重要的，但它只是在偏好的意義上說才重要。我們的記憶、信念、信仰，以及個性特徵，總體而言，都是我們都希望能夠保留的事物，如果失去了它們，我們也會很痛苦，但是如果沒有這一切，我們依然可以存活。然而，只有未來蘊含着我們與之同一的經驗主體，我們每個人才會繼續存活。由於這些主體經歷的任何經驗都將是我們會經歷的經驗，因此，我們自我指向的關切當然會延伸至它們，我們即便與它們在心理上差別巨大，也還是會這麼做。這裏，我們從第四章的思想實驗裏汲取的教訓就很有關係了。正如 U-SIM 方案表明的，只要我們的意識之流保持流動而不間斷，那我們就會連續存在，即便遭遇了最翻天覆地的心理變化 —— 那種完全打斷心理連續性的變化。如果我們沒有心理連續性也可以輕而易舉地活下來，那麼，帕菲特將心理連續性看作我們個人存活最重要的根本這一主張，看起來就不再那麼有道理了。

到目前為止，一切都好。然而依然存在一個重要的問題。對將來那個和我們一模一樣的主體的經驗，我們會有特別的關切，這個想法似乎是很自然的，不過，是**甚麼**造成了跨時段的主體同一性，C- 理論對此提供了一個特殊的說明。如果你和某個將來的主體之間通過不間斷的經驗**潛能**發生關聯，那麼你就和它們是同一個人。這種潛能有時候會在實際的經驗中實現，但並非必須如此。這還並不是全部。C- 理論告訴我們，自我是主體，而主體是由經驗能力**構成**的。意識**能力**是否和實際的意識流一樣，能夠引發我們最深刻的關切？這樣的能力，是我們真的在意的東西嗎？

完全有理由這樣認為，我的意識目前沒有感到疼痛，但是我完全可以輕易想像出疼痛的感覺。如果我曾經有過嚴重的牙疼，我的經驗會比目前的狀況要糟得多 —— 我也許會覺得如釋重負，因為那種感覺不是我目前意識的一部分。換言之，我很高興牙疼的經驗能力目前不是活躍的，因為如果一旦被啟動，我就得忍受頜裏的劇痛。同樣，這也適用於構成我 C- 系統的其他能力：倘若它們是活躍的，那它們產生的經驗（無論好壞）就會是我目前意識狀態的一部分，因此，我的自我關切的範圍也延伸至它們。

同樣的道理也適用於不同的時間。說到將來的經驗和經驗能力，我們要牢記這幾點。將來的經驗會有一個主體。如果我是那個主體，那麼具備那些經驗的就是我。要想讓我以特別的、自私的方式在意那些經驗，就像我在意自己當下的、或即將經受的經驗一樣，那我就必須要能夠搞清楚，那些經驗的主體真的是**我**，而不是其他某個人。

恰恰在這一點上，C- 理論為我們提供了非常有說服力的解釋。如果一個未來的主體與我是 C- 連續的，也就是說，它與我通過一個不間斷的意識潛能而關聯着，那麼，那個未來的主體就是我。只要滿足了這一條件，我就可以完全確定，這個主體就是我，而不是任何其他人。我完全有理由對這個主體將會具備的經驗表示自我中心式的關切。我也完全有理由對這個主體所具備的經驗能力表示同樣的關切。因為毫無疑問，這些能力所產生的經驗，都將由我來享有（或忍受）。

心理拷貝

考慮到上述這些要點，那帕菲特認為空間傳送能夠保留"根本上重要"的東西這一看法，是否正確呢？由於這一原因，空間傳送是否就和我們普通的生存一樣好呢？根據我們剛才看到的，情況看上去並不是這樣的。資訊式空間傳送肯定會保留心理連續性，然而就我們歷時的同一性而言，心理連續性並不是關鍵因素。實際上最重要的關係 —— 與我們最深刻的、自我指向的關切密不可分的關係 —— 就是 C- 連續，但 C- 連續在資訊式空間傳送的過程中**沒有**得到保留。

作為回應，心理進路的支持者也許會按照以下的思路來辯論：

假如在半夜，你被人從牀上拖起來，塞進一個空間傳送器。結果製造出來的複製品 —— 還在沉睡中 —— 又被放回你牀上。根據 C- 理論，這個早晨在你牀上醒來的人其實不是你，而不過是個冒名頂替的人罷了。然而，你認為自己是誰你就是誰，這難道不是一清二楚的事情麼？

如果事件這樣展開，那麼在我牀上醒來的人肯定會相信他就是我 —— 因為他的心理（包括記憶）是我自己的心理的精確拷貝。但是，眾所周知，一個人對於自己的同一性完全有可能產生誤解，這個人相信他是我，這並不會使他真的就是我。想一想我們之前說過的例子，一場不太可能的量子力學的僥倖，使得一個人無中生有地出現了。純屬偶然，讓我們假設這個人恰巧是你的一個精確的生理及心理複製品。這個人有你過去的記憶，也相信他就是你。他對此堅信不疑，是否就意味着，他事實上就是你呢？如果你知道他將會忍受巨大的痛苦，你會感到自我指向的關切嗎？我不認為你會。

這兩種情況並不完全具有可比性。通過空間傳送 —— 我們可以稱之為**心理拷貝**（psycho-copy）—— 而產生的我的複製品，他的心理和我自己的心理之間有因果關聯，而那種反常地、無中生有地出現的複製品，他的心理和我的心理之間並沒有任何因果關聯。這個區別可能會很重要。根據帕菲特的觀點，正是**心理連續性**保證了我們歷時的同一性，而心理連續性則有賴於前後心智狀態的因果關聯。然而，似乎不難看出，空間傳送中存在的那種因果依存性的形式是無關緊要的 —— 至少，就我們的生存而言是無關緊要的。

為了說明這一點，讓我們假設我有一支**掃描—複製槍**（a Scan-&-Duplicate gun）。這個先進設備的功能就和它的名稱一樣。我射中你之後，它會迅速並仔細地掃描你的身體以及大腦，然後利用所得到的資訊，在幾碼之外創造出一個和你完全一樣的心理拷貝出來。掃描科技完全依靠一種特殊的低能量場——而不是像 X 光那樣——對你沒有任何傷害，而且也是完全無痛的。它和空間傳送器中的複製過程完全相似。當你的心理拷貝突然出現，你轉過去面對他們，你會對他們的幸福和將來產生審慎的關切嗎？和反常的、量子反應製造出來的複製品相比，你對這種心理拷貝的關切，程度會**很深**嗎？我很懷疑你不會。

普羅透斯式的自我

這所有的考慮都和空間傳送的可存活性相對立，也都看似很有道理——至少在我看來，這些想法都很有說服力——但是我們還沒有說完。這個故事裏還有一處波折。我們可以按照下述思路構想一個反論：

在小說中，我們會看到有人經常被空間傳送，也認為這個過程是可以存活的——例如，就像在《星際迷航》裏那樣——我們許多人不難想像，我們自己對這一傳送過程感到輕鬆無憂。如果在我們生活的世界裏，家人和朋友都經常用空間傳送的方式來來去去，那麼我們自己難道不也會對此同樣反應嗎？我們的直覺反應易受操控，很容易受到敍事語境的影響，這一事實難道不正好暗示了以下事實：關於空間傳送作為一種可存活的交通方式，並沒有甚麼深層的形而上的問題？

關於哪種類型的變化不影響諸如我們這樣的存在者的存活，我們在這一問題上的觀點是很容易發生變化的，比我們想像的還要容易得多。這正是哲學家馬克・約翰斯頓（Mark Johnston）最近在他的《戰勝死亡》（*Surviving Death*）一書中關於空間傳送的有趣討論裏所指出的觀點。

約翰斯頓認為，我們歷時的同一性在很大程度上取決於我們打算用甚麼方式將現在的自我和將來的自我視為同一。更簡單地説，如果你夠膽量，你**覺得**，你經歷如此這般的過程而依然**會**存活下來，那麼你事實上也就會活下來了 —— 因為正是這些直覺性的感受，決定了你能否存活下來。約翰斯頓願意承認，我們不能一時興起，就改變這些決定同一性的"性向"（dispositions）（他用的是這個説法），但是它們並不是不可變的：通過努力和訓練 —— 這種訓練往往需要自我和位元格同一性的形而上學進行大量反思 —— 我們有可能改變直覺反應，這些直覺反應能夠幫我們斷定有可能讓我們繼續存活的那些變化類型。

因此，約翰斯頓也就認為，我們最基本的本質是普羅透斯式的：

> 和普羅透斯一樣，我們也可以用獅子、豹子、蛇、豬的形式出現，我們的本質允許我們可以有不同具體肉身的變化。人作為我們同一性的具體體現，從某種角度來說，是有待我們來填充的。我們能經歷甚麼而繼續存活，以及作為結果的位格同一性事實，在某種程度上取決於我們的反應。（2010:283—4）

如果決定我們同一性的直覺和態度是普羅透斯式的，那麼只要改變相關的性向，這樣的一個人就有可能開始感到，空間傳送**的確是**可以存活下來的東西，而作為這一態度轉變的結果，空間傳送這一形式實際上也就變得可以存活了。[3]

甚麼是我們能夠存活的，甚麼是我們不能存活的，與此

---

3 以類似的、但更為激進的風格來說，任何人如果認定可以將自己和一切將來的個體（或者至少是值得受到這樣關切的那些個體）視為同一的，並且他同時也成功地對決定同一性的性向作出了相應的調整，那麼，此人就完全有理由相信，他確實會作為將來的這個個體而繼續存活。這樣，對那些具備合適性向的人而言，接近永生就是一個真正的可能性了。約翰斯頓承認，這條通往永生的道路需要我們對自我的看法有重大的轉變，並非每個人都做得到這一點──也許能做到的人並不會太多。但是，要相信一個人可以通過空間傳送而存活，這一點所需要的轉變相對較小，也完全沒有超出我們大多數人的接受範圍。在這樣的情況下，如果我們成功轉變了態度，空間傳送事實上就是可存活的了，即使之前並非如此。約翰斯頓並不是唯一一個捍衛對位格同一性的這個一般進路的人：詳見 Miller(2004, 2012)。

有關的事實最終取決於我們的想法和感覺，這個設想（說得婉轉些）似乎有些奇怪。我們是否真的能夠以約翰斯頓所說的方式去影響我們能夠存活（或者不能存活）的東西呢？

局限和形而上學

讓我們假設，在遙遠的叢林裏，有一個部落，那裏的人們不相信任何形式的靈魂，他們相信，死亡之後通常就是不復存在（non-existence）—— 只有一個例外：如果一個人在某個特定的懸崖自己跳下去，跳到幾百英尺以下的石頭上摔死，那麼他就不會不復存在，而是會轉世為一塊石頭。恰巧，這個部落非常尊重某一個特殊品種的花崗岩卵石。這個信念在這個部落文化中根深蒂固，那些準備跳崖的人 —— 他們大多數人真的就跳了 —— 都非常確信，自己將會存活。皆大歡喜的是，這裏所說的那種花崗岩碎石的確多不勝數。

對我們來說，從外部人的眼光看去，這個部落成員顯然是被蒙蔽了：一個人不可能會變成一塊石頭。如果存在靈魂的話，我們大概還能想明白，一個人的靈魂轉移到了一塊卵石上，並賦予它生命，但是那並不是我們這裏描繪的情景：這個部落的人不相信有能夠從一個實體轉移到另一個實體的靈魂，他們相信，他們就是作為一塊完全普通的石頭繼續存在的。即便我們所有人都相信這個部落的信念，這個狀態也不會改變。假設有一個強大又無聊的外星種族，明天經過我們的太陽系，給我們這個星球上的所有人洗腦，讓我們所有人都相信，我們死了之後可以變成卵石而存活。我們對這一轉變的可能性深信不疑，這是否就意味這種轉變就成了事實呢？或者說，我們只不過都被蒙蔽了？

在我們考慮這類情況的時候，根據多數人的看法來決定甚麼是能夠讓我們存活的（或者是不能存活的），這看上去簡直就是荒謬的。外星人也許可以給大家洗腦，讓大家都以為自己會變成卵石而繼續存活，然而這只是錯覺罷了。不過，這個情況和約翰斯頓設想的情況又有區別。首先，相信我們自己會作為一塊石頭繼續存活，這需要一個巨大的態度轉變；而相信我們可以經過空間傳送的過程而存活下來，並不需要如此劇烈的轉變。並且，約翰斯頓也沒有設想到由洗腦帶來的變化。態度的變化，是我們對要被視為我們存活條件的東西進行哲學反思所帶來的結果。至於自我的本質，形而上學的事實到底是甚麼，還存在許多不同的觀點。

約翰斯頓的觀點是：（1）我們相信，我們自己根本上是意識的中心或主體；（2）我們自然地相信，這些主體會持存一段時間；但（3）**這只是錯覺**，因為，關於主體歷時的同一性，不存在任何的事實。或者，用他的話來說：

> ……說到我們歷時的主觀心智同一性──也就是我們假定的這一個自我、這一個意識的同一性……我們其

實並沒有鎖定任何事物，該事物會給出確定的答案，回答我們甚麼時候才會有歷時而持存着的同一個自我、同一個意識、或同一個現身平台。

約翰斯頓的觀點允許以下情況：如果我們是笛卡兒所設想的那種非物質的靈魂，那麼，就會有關於我們歷時的主觀心智同一性的事實，這些事實會牢牢地約束我們在考慮自己能夠存活的變化類型（或交通方式）時所採取的態度。既然空間傳送（照推測來看）並沒有傳送非物質的靈魂，那麼，如果我們是這類東西的話，則空間傳送的過程對我們來說就是無法存活的。然而，由於沒有這樣的東西——或者説，約翰斯頓認為沒有這樣的實體——因此也就沒有這樣的事實。

約翰斯頓認為不存在非物質的靈魂，在這一點上他也許是對的，但是我認為，他斷定不存在關於歷時的主體同一性的任何事實，那就大錯特錯了。正如我們在過去幾章看到的，如果 C- 理論根本上是正確的，那麼（1）我們的確是經驗主體；（2）確實存在關於歷時的經驗主體同一性的事實；（3）這些事實完全取決於經驗的連續性——包括實際的和潛在的；以及（4）資訊式空間傳送並沒有保存這些連續性。

此外，正如我們已經看到的，我們以一種自私的方式非常關切的事實，乃是關乎那些確保我們同一性的經驗潛能（或能力）的事實。既然如此，關於我們是何種事物，以及

我們在怎樣的變化 —— 包括空間傳送 —— 後依然能夠存活，我們對這些問題的態度會非常根深蒂固，難以改變；如果我們是非物質的靈魂，我們的態度也會如此。畢竟，對我們持續生存最為關鍵的意識能力可以保存在非物質的靈魂裏，它們也同樣能夠被輕易保存於一個物質實體中，例如一個健康的、有生命的大腦。

考慮到這一切，再想一想我們剛剛提到的掃描—複製裝置。如果它朝你的方向發射，創造出了你的一個心理拷貝，為甚麼看起來那個拷貝顯然不是你呢？為甚麼相信那個拷貝就是**你**，會是如此困難的呢？我想這是因為，這個裝置掃描了你的大腦，沒有對它造成任何損傷，整個過程你都是完全清醒的，你看見有槍指着你自己，然後很快就有一個複製品被製造出來了。正因為你的意識的確在流動着，沒有中斷，也沒有餘地讓你懷疑**你**在何處。又因為你的意識並沒有轉移到你複製品的身體（和心理）裏邊，因此很難當真相信，**你**轉移了過去。

不對稱

我們基本上會傾向認為，由掃描—複製裝置製造出來的那個心理拷貝僅僅就是拷貝。然而，在心智的層面上，這些裝置所做的恰恰正是空間傳送系統所做的事情：保存心理的關聯。如果掃描—複製裝置製造出來的心理拷貝沒有資格作為原先那個人的話，那麼為甚麼空間傳送系統製造出來的心理拷貝就有資格呢？

這兩個程式存在着一個我們還沒有考慮到的重要區別。掃描—複製裝置對原來的人原封不動，因此我們最後有了兩個人，他們都有資格作為你。由於其中有一個人具備你原先的身體和大腦，因此，情況顯然是不對稱的：這個人顯然更有資格。然而，在空間傳送的情況下，你（原先的）身體在掃描完成時就被摧毀了，因此只會有一個有資格作為你的人現身。缺少一開始就佔據了不公平優勢的競爭者，也許空間傳送的過程**能夠**讓我們存活下來。

掃描—複製的假想實際上是不對稱的，但是這種不對稱最終並不能幫助我們捍衛對自我的心理說明。因為，如果心理連續性真的足以讓我們保持存在，那麼掃描—複製的過程的結果就會是同一個心智和心智生活的真正分裂。為了理解它離這一結果還有多遠，讓我們先考慮一下另一種可能。

掃描—複製 II 號是一個非常奇妙的裝置，能夠做到之前裝置實現不了的事情：它能夠讓一個人的意識之流順利地分成兩支，其中一支依然留在原先的身體中，另一支流入新創造出來的複製身體。現在，在這樣的情況下，如果我們保證兩支意識之流都沒有被中斷，結果就會大不一樣：看上去似乎很明顯，你既保存在你原先的身體裏（帶着你原先身體裏的那一支意識之流），**同時**也移動到了新創造出來的身體（另一支意識之流）裏邊。

這解決了一個問題 —— 現在很清楚，標準的掃描—複製裝置如何以及為何不能劃分重要的心智連續性 —— 但這只會給我們帶來一個更深入的問題。如果一個人的生命可以用這樣的方式分叉開，如果一個人**被分成兩個**，那原先那個人、那個分叉的人發生了甚麼？

裂變

要理解位格的裂變是一件非常困難的事。儘管對於是甚麼導致了位格（或自我）同一性，意見不一，但是大多數關於主體的理論都認為，**某種**形式的連續性是必要的，無論是生物連續性（或有機體的同一性）、心理連續性，還是不間斷的意識能力。因此，無論是生物學派、心理學派的理論家還是 C- 理論的支持者，都會遇到同一個問題：如果他們所支持的那種連續性的形式出現了分叉，那會如何呢？

二十世紀五十年代以來，出現了許多關於所謂"裂腦"病人的研究。[4] 這些是真實的人，他們的大腦被手術切割過

4　有關對裂腦病人的這些實驗，具體細節請見 Gazzaniga(2005)。

—— 通常是為了治療非常嚴重的癲癇病 —— 他們在手術後還活着，能夠敘述他們的故事。準確地説，這個手術需要切除**腦胼胝體**（corpus callosum），腦胼胝體是一大束密集神經，是兩個大腦半球之間的主要溝通管道。這一手術的直接後果是，許多病人似乎出人意料地並未受到手術過程的影響 —— 至少，從他們外部的行為來判斷，完全看不出他們的大腦被切割過。然而，進一步的實驗表明，他們初期的表現有着很大的欺騙性。在受控實驗的條件下，有可能分別和大腦的左右半球進行溝通；在這樣的實驗裏邊，很快就出現了這樣一種情形，向（例如説）右半球展示的物體，左半球完全看不到，反之亦然。一個普通主體所具備的心智統一性顯然受到了嚴重破壞，即使不是完全毀滅了的話。

"裂腦"病人到底過着甚麽樣的心智生活，這依然是存在許多爭議的問題。然而，要是人類大腦**完全**被分為功能健全的兩半，看上去似乎就可以產生兩個心智主體 —— 兩個 C- 系統 —— 它們各自都有着一個完全獨特的意識流。如果這兩個大腦半球都可以被成功移植到兩個正常的人類頭顱（恰巧還是空了的頭顱，除此之外一切正常）裏去，那麽由此產生的兩個人可以相互之間非常獨立地活動。

因此，儘管這看上去匪夷所思，但是完全有理由認為，我們的大腦可以被分成兩半，無論是通過外科手術的方式，還是通過不太完美的空間傳送機，或者是通過掃描—複製 II 號。

解釋裂解

如果裂變是可能的——至少從基於心智連續性的自我進路（包括 C- 理論）這個優勢觀點來看是可能的——那我們就要能夠弄清它的意思。讓我們用一種概略的方式，集中考慮一種裂變的情況。

讓我們把這個被裂解的位格稱為 A，由此產生出來的兩個位格分別稱為 B 和 C。從外表看，我們可以假定 A、B 和 C 看上去都和正常位格一樣，B 和 C 唯一的特別或不同之處在於他們的歷史：他們兩個都源自先前 A 這個位格的裂變。為了簡化起見，我們可以進一步假定，A 與 B、C 都是**完全地**心智上連續的，也就是説，A 與 B、C 都既是心理上連續的，又是 C 連續的。如果我們問："A 在裂解的時候發生了甚麼？"這裏有四個選項——

（1）A 與 B 是同一的，但與 C 不同一。

（2）A 與 C 是同一的，但與 B 不同一。

（3）A 與 B 和 C 都是同一的。

（4）A 既與 B 不同一，也與 C 不同一。

足以構成位格同一性的關係 —— 我們將其稱為 R ——
在 A 和 B 之間，以及 A 和 C 之間是完全一樣的。考慮到這
樣的對稱性，就不太可能認為 A 僅僅與他 / 她裂解產生的**其
中一個**位格是同一的，而與另一個位格不同一。因此，（1）
和（2）看上去不大可能。我們也許會覺得（3）很有道理，認
為 A 與 B 和 C 都是同一的。但是，這就意味一**個**位格（A）
同時分處在兩個不同的地方，有兩個不同的身體和兩個不同
的**心智**。說得婉轉些，實在不容易看出一個位格能以這樣的
方式存在。

因此，我們就只有最後一個選項了：我們不得不選擇
（4），結論就是 A 既與 B 不同一，也與 C 不同一，並且正
如看上去的那樣，後兩者也是兩個獨特的位格。但 A、B、
C 三個位格之間的關係太密切了，這第四個選項肯定不是全
部的故事吧？畢竟，A 與 B 和 C 都是連續的，其連續的方
式通常足以構成位元格同一性。由於 A 的心智生活在 B 和
C 身上都得到了繼續，既沒有中斷也沒有退化，那麼，認為
A 不復存在的觀點聽上去就不（完全）對了。

帕菲特對這個問題作出過非常有影響的討論。他認為，
如果我們從同一性的角度來理解裂變的情況，第四個選項是
最好的：在裂變發生之時原先的位格就不復存在了，即便原
先的位格和他裂變出來的兩個位格之間在心理上是完全連續
的。那麼，裂變的過程是否致命？帕菲特指出，面對這樣的

裂變和面對死亡是完全不同的，面對死亡，你的生命就完全停止了；而在裂變的情況中，你的生命不但得以繼續，而且還以雙倍的方式繼續 —— 這是完全不同的前景！對帕菲特來說，保留了心智連續性的裂變和正常的、不裂變的生存（幾乎）一樣好，儘管同一性沒有得到保留。

帕菲特在這裏看到了很重要的一點。由於位格同一性和心智連續性通常都是相伴相生的，我們從來沒有想過，我們的同一性 —— 也就是我們連續的存在 —— 有可能無足輕重或完全沒有意義。對裂變情況的思考讓我們明白，我們自己的位格存在，我們的位格同一性，對我們的存活事實上沒有任何本質的影響，這和我們自然的假想恰恰相反。**真正重要的是，在裂變的過程中完全保留下來的心智連續性。**

可存活的裂變：通往形而上學的大門

我們的同一性和生命中最重要的東西可以分開來看，這是一個非常有趣的觀點。然而，帕菲特的主張要想有完全的說服力，我們還需要確定，把裂變看作是死亡的等價物，這是唯一的選擇。還有許多其他的方法，可以讓我們把裂變看作完全可存活的過程。我們所需要的，只不過是一些形而上學的勇氣。

想一想我們通常是怎麼談論物種的。如果我們看到這樣的標題"**狼重現法國郊外**",我們應該不難理解這裏説的"狼"不是一隻個別的狼,而是一個更高階的東西,也就是狼這個物種。馬克·約翰斯頓最近提出,要是我們也用這樣的方式來看待我們自己,作為獨特的**物種**,或是"更高階的"個體,我們就會將裂變看作可存活的過程了。為了説明這一點,讓我們假設,約翰斯頓自己昨天分解成了兩個,現在有兩個約翰斯頓行走於地球上:約翰斯頓一號和約翰斯頓二號。假如我們將約翰斯頓稱為"約翰斯頓類"(物種),他(或者是它)可以同時出現在許多地方,就像狼那樣。因此,儘管約翰斯頓一號和約翰斯頓二號可能顯現為兩個不同的位格,但他們事實上是"約翰斯頓類"的不同實例而已,而"約翰斯頓**類**"是在裂變之前就存在的同一個位格物種。這樣,我們就可以有另一個選項了:把位格看作一個物種,或更高階的個體,裂變就是可存活的過程了。

儘管把我們自己看作更高階的存在者,這使我們能夠以簡單而直接的方式把裂變看作可存活的過程,但有的人還是會覺得,通過裂變來對不同的物種進行複製,這樣的做法值得反對。[5] 如果你發現自己就屬於這樣的人,但你又覺得裂

---

5 約翰斯頓對裂變的理解令人想起經院主義的形而上學。著名的中世紀神學家湯瑪斯·阿奎那(Thomas Aquinas)在他的《神學總論》(*Summa Theologica*)一書中認為,由於天使不具備物質,因此,為了能夠 —— 以你的貓和桌子能夠成為獨特個體的方式 —— 成為獨特的個體,天使就必須具備一種不同的本質,就如同狗(而不是貓)具備狗性(doggishness)那樣,從而屬於一個獨特的物種。所以,不同的天使物種和個別的天使在數目上是一樣多的。

變實在不可能是致命的,那還有另一個替代選項 —— 我在其他地方(例如 2008 年的書中)曾對此進行過深入的討論。

根據量子力學的某些解釋,整個宇宙都在連續地分裂為(分叉為)許多和自身有着細微區別的拷貝。實際上,我們都在經歷着頻繁的裂變,但裂變出來的位格會處在宇宙的不同分支裏,因此他們並沒有覺察到彼此。有趣的是,在思考**這種**的裂變時,很少有人會傾向於認為,這是致命的,或是會威脅到生命的。

現在,位元格裂變的情況所涉及的只是一個單一的個體,它不會導致整個宇宙出現分叉。然而,這個過程可以被看作那個體的**位格時間**(personal time)出現了分叉。位格時間,簡單地說,就是從一個特定個體的視角看事件發生的次序。位格時間一般不會偏離作為整體的世界時間(也就是客觀的時間),但在特定的情況下,偏離是會發生的。如果我們用這樣的方式去理解裂變,那被裂解的人就沒有死;他們繼續存在,只不過他們的生命在分叉了的位格時間的不同"分支"裏得以展開。

關於位格時間對世界時間的偏離,有一個我們很熟悉的例子,這就是時間旅行。當神秘博士(Doctor Who)踏進時間機器塔迪斯(Tardis),旅行到過去(比如說古羅馬)時,他到達目的地,這到底是發生在他出發之前還是之後呢?答案是，兩者都對。從他的位格時間來看，他在出發後一小會兒到達了目的地，而從通常的世界時間來說，神秘博士到達的是他出發時間之前的許多世紀。時間旅行者回到過去，觀察他們早先的自我，就是同一個位格存在了兩次，經歷了同一段**世界**時間。但是在這裏，當事位格的位格時間發生了一些不同尋常的變化：它並沒有分叉，而是回轉到了自身。

特別的管道

對於那些傾向於形而上學的人來說，個人裂變被證明是一個迷人的話題，而且也是一個富有成效的話題：對這個話題的思考已經帶來有用的概念創新。[6] 然而，這不**僅僅**是一個奇異的形而上學消遣。與裂變相關的思考讓帕菲特等人得出了結論，位格同一性和生命中重要的東西可以分開，因此，我們的同一性 —— 我們連續的存在 —— 並不如我們通常想像的那麼重要。正如我們剛剛說到的，帕菲特是否正確，取決於我們如何理解裂變的情況，而這個形而上學的問題還沒有解決。

6　將裂變看作是可以存活的另一種辦法是，把分裂的人構想為部分重疊的四維存在者 —— 請見 Sider(2002)。

本章前半部分，我們集中討論了空間轉移的存活性。我們得出了這樣的結論：選擇這樣的旅行方式是極度冒險的，至少對我們這樣的位格而言是很冒險的。如果有了這種科技，用來把某些物體，例如複雜的機械從一個地方傳送到另一個地方，會是一種非常方便的做法。不過，我們不會通過空間傳送來運送非常珍貴的雕塑或者繪畫 —— 這樣做，會把我們價值不菲的原件變成一個完全一樣，但毫無價值的仿製品。你也不會想用這樣的方式傳送你自己。

從一開始，我們就主要關注於一種空間傳送的形式：資訊式的傳遞，在這個過程中你（實際上）被歸約為一個資料模式，它通過光束傳到目的地，然後再被複製。我們完全有理由關注這種方式的空間傳送：它所包含的過程是完全透明的，隨着相關科技的發展，它或許實際上是可能的。然而，這並不是唯一可以構想的實現空間傳送或瞬間轉移的方式。

揮一揮魔法棒，就可以立刻把一個人遷移到另一個地方去。根據 C- 理論，只要這個空間傳送的魔法不影響被傳送人的意識能力，他們的存活就可以得到保證。這或許不會讓我們感到太多的安慰，因為魔法少之又少。但對那些更相信科技的人來說，科幻小說裏還有一個主題，能夠提供同樣讓人歡喜的結果：通過蟲洞來旅行。在物理學文獻中，蟲洞被稱為"愛因斯坦羅森橋"（Einstein-Rosen Bridges），物理學家們用這個名詞來表示穿越時空連續統一的捷徑。我們尚未能夠製造蟲洞，然而物理學家相信，支配我們宇宙中的時空的自然規律完全允許蟲洞的存在。

蟲洞是一個管狀的結構，連通我們空間裏兩個相距甚遠的區域，而這一連通完全不需要**穿越**我們的空間。要明白蟲洞的可能性，我們可以暫時設想一個二維而非三維的空間，一個（實際上）由一個薄薄的平面組成的空間。在這個二維空間的蟲洞，就是一個穿越了**第三維**空間的管道（因而就從這個水平面上面或下面穿越）。由於我們無法把一個**四維**空間視覺化，因此，我們也就無法想像（或是畫出）通過第四維空間連通我們三維空間中不同地點的蟲洞。但是，從數學的角度來說，這樣的結構是完全可能的。而且，和正常空間中兩個端點的距離相比，連通這兩個端點的蟲洞的長度完全有可能要短得多。再一次地，這不是我們能夠輕易地視覺化的東西，然而它在物理上是完全可能的 —— 多虧了愛因斯坦，我們現在知道空間可以被拉伸，也可以被壓縮。因此，如果普通空間裏間隔許多英里的位置可以通過幾英尺長的蟲洞相連，那麼，這樣的通道就會提供一個有用的 —— 絕對安全的 —— 穿越普通空間的捷徑，它提供了一種最為快捷、輕鬆的旅行方式。

在第一章裏邊，我們讀到了一種理想的未來旅行系統的願景。今天，網際網路資料通過光纖管以光速在海底縱橫傳輸。同樣，我們也夢想**位格**可以作為光的模式而得到編碼，用這樣的管道來傳遞。完全有理由認為，純資訊式空間傳送還只是遙不可及的夢想而已。然而，如果今後的技術能讓**蟲洞**的網路成為可能，管道旅行的長遠未來就可以得到保證。

第 8 章　心智在世界中的位置

　　如果我在本書中主張並闡釋的關於自我構想是正確的，那麼有一件事情就很清楚了：笛卡兒認為意識是自我的關鍵，在這一點上他是正確的。

　　即便如此，如果我們採用 C- 理論，那我們也就否定了笛卡兒的如下主張，即自我始終是有意識的。對我們來說，為了要連續地存在，我們並不需要**實際上**一直保持清醒；只需意識能力持存着就足夠了。然而，我們依然從根本上說是經驗主體，我們的決定性特性是我們具有意識的能力，這也正是笛卡兒的觀點。

　　笛卡兒還認為，一般的心智，尤其是有意識的智慧，都不可能是物質的。他說對了嗎？

許多當代哲學家都支援"物理主義"（physicalism），該學說認為我們的宇宙完完全全是物質的。由於物理主義者認為，一切形式的心智都是一種完全物理的現象，因此他們主張，笛卡兒額外的非物質心智世界是畫蛇添足。物理主義者對宇宙的構想如果是可行的，那麼二元論者們提出的觀點 —— 大意是，心智絕**不可能**是物質的 —— 就必須要得到反駁，我們很快會考察由此帶來的前景。物理主義的支持者們還提出，他們對於心智和身體如何互動的論述，要比二元論者的好得多。

我們先來看這最後一個觀點。正如我們很快就會發現的，儘管物理主義者在這方面的確有優勢，但情況並不像有時候被假定的那樣已成定局。

原因和鬼魂

如果你決定打開收音機聽點音樂，你的決定 —— 即一個心智事件 —— 會導致一系列物理事件：你的手向收音機方向移動，按下了按鈕。讓我們假設，欣賞音樂激發了你愉快的感覺和一些幸福的回憶。如果是這樣，那麼一系列的物理事件 —— 收音機造成的空氣中的震動，你耳膜中的震動，以及你大腦中的化學變化 —— 產生了一系列**心智**事件，其形式就是你愉快的體驗。

在日常生活中，我們的心智和身體總是以各種方式，無時無刻進行着互動。笛卡兒認識到了這一點，他提出了"互動主義的"二元論（"interactionist" dualism），用以探討非物質心智和物質身體之間雙向的因果互動。雖然這一形式的二元論出發點很好，但是它帶來了一種擔憂。**非物質的**事物真的有可能和物質的事物發生因果互動嗎？

想想鬼魂，一個很尋常的例子（至少在故事和電影裏是這樣），這類東西的性質肯定是非物質的。如果一個鬼魂威脅説要揍你的臉，你也許會因為驚動了一個靈異世界的居民而慌張，但是鬼魂的拳頭打到你的後果倒不會讓你擔心。畢竟，如果它真的揍你一拳，那一拳也會從你身體穿過——就像鬼魂會穿牆而過那樣。鬼魂（也許）不存在，但是它們的確指明了笛卡兒的一個問題：如果説，非物質的鬼魂無法給物質世界帶來甚麼改變，那麼同樣的道理難道不也適用於非物質的心智嗎？

作為回應，笛卡兒非常正確地指出，並不是所有形式的因果關係都需要通過直接的物理接觸來起作用。如果巫師揮一揮魔法棒，就把一個討厭的小孩子變成了癩蛤蟆，那這當中並沒有發生任何物理的接觸：魔法直接發生了作用。我們無需把自己限定於這樣虛構的場景中，因為科學給我們提供了類似直接的因果關係形式的例子。例如，牛頓的引力直接作用於遠處的物體，而並不需要任何介於其間的裝置：根據牛頓的理論，太陽以及遙遠的行星和星球始終都會對你的身體有各個方向的牽扯，而它們並不需要直接的物理接觸來實施這一牽扯 —— 太空裏並沒有一條條如線那樣的東西，把你和那些對你施加引力的物體連接起來。磁引力的作用也與此相似。

如果普通的物質實體之間能夠以非常直接的方式發生因果關係，那二元論者就完全可以合理地質疑：是否有甚麼理由說明，為甚麼**心智**的東西和物質的東西之間類似形式的直接因果關係應該被看作是完全不可思議的，或是不可能的？[1]

出於其他的原因，非物質心智與物質身體之間的互動看起來還是有問題的。物理主義者指出，如果心智能夠對物質世界產生改變 —— 而事實上，心智也一直都在改變着世界，因為我們移動着自己的身體 —— 那麼物質世界就不可能完全隔絕非物質的影響。他們接着論證，就目前的情況而言，沒有科學證據可以證明我們的大腦神經活動會受到**任何**非物質的影響，神經科學家們也尚未發現無法用普通的物理原因解釋的人類大腦中的神經元活動。然而，這一切還都遠不是最

1　對科學比較瞭解的讀者可能會對這一點提出反對。是的，牛頓的引力論的確需要超距作用力（action-at-a-distance forces），但牛頓的理論已經被愛因斯坦的廣義相對論取代了。而在廣義相對論中，沒有超距作用力的痕跡：引力的作用是由於品質引發了時空連續體裏邊的扭曲。這完全是正確的。但是，超距作用力的確在牛頓理論中十分重要，這也說明了我們對物理因果關係的構想比二元論的批判者所設想的要廣闊。我們還應當記住，超距作用的互動和量子理論也是密不可分的。詳見 http://plato.stanford.edu/entries/qm-action-distance/ 。

致命的打擊。二元論者承認，目前沒有證據表明我們的神經系統中有非物質的事件。然而，當前我們關於大腦怎樣運作的成熟知識還相當有限。隨着我們對神經活動過程的進一步瞭解，也有可能會發現，事實上有一些我們大腦中發生的變化是不能完全從物質的層面去解釋的。物理主義派對此持相當懷疑的態度，但是我們還需要幾十年（甚至幾百年）的時間，才會知道他們的懷疑是否合理。

那麼目前的情況是一個勢均力敵的僵局嗎？不完全是。物理主義者的袖子裏還有一張牌 —— 一張非常有殺傷力的牌。

無人機和醉態

軍用無人機把戰爭引入了一個新的維度，也為戰爭倫理提出了新的問題。當操縱無人機的士兵們將他們遠端控制的飛行器送入敵區的時候，他們有無人機上裝備的大量殺傷性武器可供使用，而不需要擔心自己的生命安全。無人機上裝備了功率強大的無線電通訊技術以及高清攝像頭，這使得無人機的操縱員可以不慌不忙地尋找目標，而無需擔心自己會被射中，或者被炸飛了，又或者成為毒氣攻擊的受害者。因為操縱員所在的地方，與無人機的目標建築或目標人群有成百上千英里之遙，任何對無人機本身的攻擊都不會傷害無人機的操縱員。

互動主義的二元論（Interactionist dualism）暗示了，非物質心智與它們的身體之間存在的關係就類似於被遠端操縱的無人機和它們的操縱員之間的關係。非物質心智並不處於身體內部（甚至也不靠近他們的身體），但是他們終歸是和身體有聯繫的。非物質心智通過特殊的因果管道和大腦相關聯，並能夠發現他們的身體內部和周圍即時發生的事情，也能夠指揮身體做出相應的反應。考慮到這一點，我們的非物質心智**應該**能夠和無人機操縱員一樣，不受物質攻擊的影響。假如說，一架無人機被擊中了，結果輕微受損，那它操縱起來就會困難得多。如果無人機上的一些攝像頭受損，那操縱員會發現，要"看到"無人機周圍環境中發生的事情就會更加困難。然而，由於身處遠離現場的地方，無人機操縱員會依然健康無恙。

正是在這裏，類比被打破了。我們的心智絕非不受物理攻擊的影響。如果你喝下了大量的酒精，有好幾個鐘頭你的大腦都會不好使。後果你大概也很熟悉。你控制身體動作的能力會受損（比如說，你可能會發現自己走路搖搖晃晃的），你的感官也不像平時那麼可靠了（比如說，你會感到視線模糊）。這些後果還不會影響我們的類比：無人機遠端操縱員在盡力操縱着一架受損飛機的時候，也面臨着類似的挑戰。但是，酒精的影響還沒有到此結束。你清醒**思考**的能力也會嚴重受損，並且，更一般地，你的認知能力也會被削弱。這還不是全部。酒精還會影響一個人的情感平衡、記憶等等。

這些損傷遠遠超出了無人機操縱員所承受的範圍。

酒精蒸餾之後會被稱為"烈酒/鬼魂"（spirits），然而它們可沒有任何非物質的意思：它們是化學製品，對大腦的作用也完全是化學性的。它們是怎樣能夠讓非物質的心智發生如此之大的變化呢？日常的化學製品如何能夠對實在的非物質維度產生深遠影響？

這有可能是因為心智和大腦相關聯的方式，同無人機操縱員與被遠端操縱的無人機之間的關聯方式不一樣。例如，笛卡兒在他的"第六沉思"中承認，"我在我的身體裏，絕不只是像一個水手在船上一樣"，毋寧說，"我緊密地加入其中，與之渾然一體，以至於我和身體形成了一個整體"。然而，這裏的"渾然一體"指的是甚麼？遺憾的是，二元論者到目前為止，對於尋找這個問題的答案還沒有多少進展，或者說根本沒有進展。

即便找到了一個說明，酒精（或是其他娛樂性藥物）所造成的比較輕微的大腦機能障礙對心智的影響依然表明，我們需要一個運作正常的大腦才能夠恰當地思考和推理。大腦功能失調 —— 例如阿爾茨海默症 —— 對認知產生的後果會更為嚴重，對此我們並不陌生。看上去，似乎沒有了一個正常運作的大腦，非物質的靈魂就**不能夠**思考和推理。不難想像，這個事實對於那些認為靈魂完全是多餘的，認為我們的認知能力完全要依靠大腦的人而言，是非常有利的。

神經科學家會樂於承認，關於大腦的運作，還有許多有待被發現的事情。目前，關於我們頭腦中數以億計的神經元所產生的電化學活動怎樣引發了特定的心智活動，我們幾乎還一無所知。然而，很大程度上多虧了新的大腦掃描技術（例如 MRI，核磁共振成像），我們現在知道了，比如說，大腦皮層的哪些部分與我們不同的感覺相關，大腦的哪些部分控制着我們的四肢。在視覺皮層中，我們知道了，哪些子系統是負責知覺形狀、大小、運動和顏色的。我們知道了，大腦的哪一部分負責面部識別，出人意料的是，只有非常微小的一簇神經元會被特定的臉龐觸發（引起某些領域所說的"安妮斯頓神經元"（Jennifer Aniston neuron）[2]。我們知道，對大腦特定局部位置的損傷會導致患者不能理解語言，而對另一個區域的傷害會影響語言的生成。我們對腦內遞質化學物質 —— 例如羥色胺和催產素 —— 作用的認識不斷深入，也帶來了改善情緒的藥物的進步。對於需要每天服用這些藥物的千百萬人來說，它們的功效是非常明顯的。

2　詹妮弗・安妮斯頓是美國著名影星，1994 年因演出《老友記》走紅，並獲金球獎、艾美獎和美國演員工會獎等。英國列斯特大學的基洛加的研究團隊。隊觀察了八名準備癲癇手術的病患，在腦內都植入了微小的電極，並且拿許多電影明星、物體和地標建築的照片給受試者觀看，電極可記錄下腦神經元的活動。其中有名病患的一個神經元，對演員詹妮弗・安妮斯頓七張不同的照片都會產生反應，然而同一個神經元對其他影像卻無動於衷。這個發現發表在《自然》上，後來"安妮斯頓神經元"就用來表示腦內這種單一神經元信號與特定人物有關的現象。

這些發現並沒有完全解決問題。實體—二元論者可以這樣回應："是的，心智和大腦之間的因果關係是相當複雜的，因此，我們大腦裏邊的神經活動與負責我們感覺經驗及更高認知能力的靈魂之間，當然也存在着複雜的相互依賴性。"但是，完全也可以說，靈魂—理論家們到目前為止，並沒有能提供這一關係的任何細節，也沒有能夠解釋靈魂是怎樣才做到這些事的。相反，要是我們認為我們的心智和大腦並無差別，那麼，我們的心智功能在很大程度上需要依靠大腦，這也就不足為奇了。這些相互依賴性本身或許無法證明心智就是大腦，但是，如果心智就是大腦的話，那這種相互依賴性就是我們預期會存在的。

圖靈對笛卡兒

我們必須等神經科學從目前相對的搖籃期發展到成熟期，才能夠完全清楚地知道，我們的大腦是否真的可以像物理主義者所說的那樣，支撐起我們心智生活的所有方面。這或許還得等好一段時間。與此同時，另一領域裏的科學進步已經產生了重大的影響。這些進步對於削弱笛卡兒針對物理主義的兩個主要論證，已經相當有幫助了。

正如我們在第 2 章所看到的，笛卡兒有下列主張：

（1）和所有的生物一樣，我們的身體只不過是由物理零件構成的機器。

（2）任何機器都不可能複製我們的理智能力。

（3）因此我們更高級的心智慧力必然居於某種非物質的東西之中，它不受物理機制途徑的限制。

如果我們的身體是機器，我們就很難理解，這個機器內部的機制如何生產了我們日常對話中所表現出來的那些無窮變化的、創造性的行為，更不用說（在較為罕見的情況下），我們中還有人設法寫出了偉大的文學作品，或者在高等數學領域作出了突破。一個足夠複雜的機械裝置也許可以在非常有限的情況下模仿我們的某些能力，但是很難看出，上鏈鐘錶這類機械裝置怎麼可能會複製出我們智慧的**無窮**特性。

或者說，至少在電腦出現之前情況是這樣的。電腦硬體的效能以每兩年翻一倍的速度發展，人工智慧發展的速度雖然還不能與此相提並論，然而也有了長足的進步。谷歌的電腦駕駛汽車如今在加利福尼亞是合法的 —— 儘管為了防備萬一，規定該車上必須載有人類乘客。"深藍"（Deep Blue）弈棋機在一次六回合系列賽中，打敗了當時的世界冠軍卡斯帕羅夫（Garry Kasparov），登上了頭條新聞。如今，最好的棋類程式比"深藍"要先進得多，常常也都會打敗最優秀的人類棋手。

長期以來，理解自然語言的能力都被視為是人工智慧面對的一大障礙。然而，在這一方面，也已經有了不少發展。美國遊戲競賽節目《危險邊緣》（Jeopardy）有一個不尋常的設計。在《危險邊緣》中，參賽者不會被提問而後作答，相反，他們會得到答案，並據此提出問題。一個典型的答問環節會是這樣的："這一藥物被證明可以緩解多動症的症狀，副作用相對較小"，正確的《危險邊緣》的回答就是，"利他靈（Ritalin）是甚麼？"。最近，在與《危險邊緣》開賽以來最成功的兩位人類參賽者的對陣中，IBM 的電腦"華生"（Watson）遙遙領先。在此過程中，"華生"顯示了非常驚人的語言理解力，對 IBM 工程師輸入的供它使用的大量資訊，"華生"也顯示了迅速並高效利用資訊的能力。

　　1950 年，數學家、密碼破譯專家、電腦先驅阿蘭·圖靈（Alan Turing）在哲學期刊《心智》（Mind）上發表了一篇文章，其中就談到了一個問題：即一個配有適當編程的電子電腦是否有可能真的有智力。這篇文章引入了著名的對人工智慧進行的圖靈測試（Turing Test）。這個測試其實很簡單：只要電腦在與另一個人（通過鍵盤和熒幕）進行對話的時候，被當作是一個人的話，那麼這台機器就通過了測試，並被認為具有智慧。參與對話的人可以就任何話題自由提問——從"昨天早餐你吃了甚麼？"，到"你覺得莎士比亞的十四行詩中的幽默怎麼樣？"——所以這一挑戰絕非易事。

圖靈測試需要一台真正智慧的機器所做的，正是笛卡兒認為一台單純的機器**永遠**也不可能做到的，[3] 這大概並非巧合。在這篇文章中，圖靈預言在，五十年之內電子電腦就會通過這個測試："到了本世紀末……我們就可以談論機器思維而不會遭到質疑了。"他也許預言得過於樂觀了。我們已經進入了二十一世紀的第二個十年，還依然沒有電腦可以通過圖靈測試；笛卡兒是對的 —— 要讓機器具備一個普通人那樣的交談能力，的確是非常困難的挑戰，要比打敗國際象棋冠軍或者在《危險邊緣》問答比賽中勝出難得多。

然而，儘管電腦尚未成功通過圖靈測試，但我們應該記住，人工智慧到目前為止不過五十年，其發展還處在起步階段。並且，電腦"華生"的成功證明，人工智慧在處理語言方面已經有了實實在在的發展。如果保持目前發展的速度，可能用不了長時間，電腦就可以做到笛卡兒認為機器不可能做到的事情了。同時，有一點也非常清楚：一個單純物理的東西可以具備與我們相匹敵，甚至遠勝於我們的認知能力，這看上去已經不再是**不可思議**的事情了。

3　在《談談方法》一書第四部分的這段文字裏，笛卡兒提出了他對機器智慧的反對："我們當然能夠構想出一個如此這般地構造起來的機器，它可以說出語詞，甚至說出對應着身體行動的語詞，造成了身體的變化（例如，如果你觸碰它某一點，它會問你想要它做甚麼，如果你觸碰它的另一處，它會大叫說你弄疼它了，等等）。但是我們無法構想，這樣的機器能夠生產出對語詞的不同組合，哪怕像是最呆鈍的人能夠做到的那樣，對在它面前所說的話作出合適的、有意義的回答。"

當然，電子電腦和人類大腦有很大不同。電腦由矽晶片驅動，晶片上有大量的電晶體和其他電子元件——英代爾四核 i7 處理器中大約有超過十億個這樣的元件。人類的大腦大約三磅重，由有生命的灰色組織構成，其黏稠度與豆腐相仿。大腦看上去似乎並不複雜，一個普通大腦含有八百到一千億個腦細胞或神經元，每一個神經元都連接着成百上千個其他神經元，並向它們輸送電（以及化學）信號。在一個普通大腦中，神經元之間的聯結總數估計在 10^{14} 到 10^{15} 之間——也就是在一百**萬億**到一千**萬億**之間。我們常說人類的大腦是已知的宇宙中最複雜的事物，這實在沒有誇大。

　　關於大腦是如何運作的，我們之所以還有許多沒有弄清楚的地方，主要的原因之一就是大腦的極端複雜性。我們必須首先對大腦的運作有更多的瞭解，才能確定，我們的認知能力的確是完全依靠神經處理的。而目前我們也只能說：驅動電腦的矽晶片是相對簡單的設備，至少它們的物理複雜性與人類的大腦相比要簡單得多。因此，如果這些矽晶片也具備些許智慧，那我們就完全有理由相信，我們的大腦能夠具備更高水準的智慧——實際上，我們沒甚麼理由認為，人類的智慧水準是它們不可企及的。

意識：依然是（最）難的問題

　　笛卡兒對二元論的第二個主要論證是甚麼？笛卡兒通過

推斷，得出意識不可能是物質世界的一部分這個結論，科學的發展是否也已經推翻了笛卡兒的這個推斷？

正如我們之前所看到的，笛卡兒相信意識不可能是物質的，這一確信根植於笛卡兒和其他科學革命者們對物質事物之本質的嚴格構想。科學革命帶來的關鍵進步之一就是，對物質世界採取原子論和機械論的構想。作為這個運動的一部分，富有啟發的經院哲學從物理領域被排除了，而所有我們日常經驗中會遇到的那些現象屬性也被排除了。根據新的科學世界觀，物質事物只具備"第一"屬性，例如品質、運動、電荷、形狀等。物質實體並不具備諸如顏色、聲音、溫度或疼痛這類經驗屬性。

笛卡兒也許第一個清楚地認識到，如果物質世界的確如新科學家們所說的那樣，那經驗和意識主體就要從這個世界中被驅逐出去了。在這種情況下，二元論 —— 某種形式的二元論 —— 看上去是不可避免的。

當代物理主義者們面對的問題是，如今我們依然還在使用笛卡兒式對物質世界的構想。由於科學的發展，基本物質屬性的範圍已經略為拓寬了 —— 已經包括了電荷與核力。但如果你翻閱一下現代基礎物理學的文章，你將不會發現對經驗屬性的任何提及。因此，要將意識和物質世界整合起來，其中的主要障礙依然完全沒有被清除。

暴風雨的夜晚，撕開夜幕的閃電是強大而駭人的。我們的祖先相信，那是神靈在發怒的表現。但是現在我們知道他們是錯的：科學已經揭示了，閃電不過是一種放電現象，關於電的本質，我們也已經擁有了一套非常成功的理論。有生命的物體和無生命的物體之間看上去有着很大的區別，以至於我們的祖先相信，存在着兩種不同的物質，其中一種具備特殊的有生命的活力，另一種則沒有。但現在我們知道，他們這樣想也是錯的：只存在一種物質，有生命物體和無生命物體之間的區別，完全是源於它們內部發生的不同化學過程的區別。科學的歷史就是**逐漸去神秘化（progressive demystifications）**的歷史。物理主義者們認為，如果說，目前我們還不能用科學的方法去解釋意識，那我們無需對此感到苦惱：我們完全有理由相信，隨着科學的進步，這個問題早晚也會被科學地解決。由於哥白尼革命，我們不得不接受，地球並沒有甚麼特別的，但人類肯定是特別的。或者說，這樣想似乎是理所應當的，直到達爾文證明人類只不過是進化的另一種動物產物。二元論者堅稱意識不可能是物質的，他們竭力維護如下的觀點，即我們有與眾不同之處，這個不同之處把我們與其餘的物質實在區別開來。如果說科學的歷史教導了甚麼，那就是我們沒有任何特別之處 —— 至少，物理主義者是這樣認為的。

然而，任何用這一點去反對二元論者的人，都忽視了一個重要的問題。二元論者認定意識不可能是物質的，其（最有力的）理由並不是基於一廂情願。意識之所以很難被看作物質的，正是因為處於科學革命核心的、對物質的嚴格構想。將物質本身所具備的屬性與那些我們從經驗中發現的屬性嚴格區別開來，這是最重要的一步，如果沒有這一步，科學不可能取得現在這樣的進步。但是這也使得我們很難理解，我們載有各種性質的意識，如何能夠成為物質實在的一部分。由於對物質的這一構想本身就是科學的一個產物，因此，認為像我們這樣具備意識的存在者有着某些獨特之處的主張，自然也有出色的科學證據。

湧現（及其局限）

笛卡兒也許是一個非常重要的科學先鋒，可是，自1630 年以來科學也已經見證了巨大的進步，這些進步大多都是笛卡兒沒有想到的。電腦科學的進步讓我們更容易理解，為何智慧可以是一種物質現象。其他科學領域中隨後的發展，有沒有讓我們更容易理解為何意識可以被納入物質世界呢？

諸如**流動性**和**固體性**這樣的屬性全都是物質的屬性，但是你會發現，在物理學文獻所列出的基本特性裏邊絲毫不會提到它們。這是因為，流動性並不是**基本的**（fundamental）物質屬性，而是**湧現的**（emergent）物質屬性；它是當大量原子以特定方式結合時產生的一種高階屬性。正如我們從化學課本上學到的，液體和固體之間的區別是因為原子之間結合方式的不同而造成的。液體中的原子間也存在相互的結合，但它們不會妨礙構成液體的原子相互之間的滑動，而固體中原子則更加緊密地結合在一起。

類似地，**被經驗到的**顏色、聲音、癢和疼，諸如此類的經驗屬性是否有可能實際上是高階的物質屬性，當大量的基本粒子在類似於大腦的系統中組裝起來的時候，就會湧現出來呢？

許多年來，不少人都有意採取這一 "湧現主義的"（emergentist）思路，然而再仔細考慮一下，問題 —— 非常根本的問題 —— 很快就開始出現了。

如果你把許多物質粒子組合成了（比如說）一張桌子，你就成功地創造出了一個新的、具備新屬性的複雜物體。由於具備了桌子的結構，它現在有用處了（例如可以放置一套晚餐碟），而構成桌子的粒子本身是無法做到這一點的。然而，無論你如何安排或重置這些基本的物質粒子，有一點你做不到，就是在原先粒子裏邊所發現的那些性質之外，再創造出某種**新的、基本的固有性質**。如果原先的粒子不具備所論及的固有性質，那麼，通過把這些粒子重新組合成新的構造或結構，你是不可能創造出新的性質的。由於意識的問題恰恰就在於去理解，我們在經驗中所發現的性質是如何在完全缺乏這些性質的物質事物上呈現出來的，因此，看上去我們還遠沒有解決我們的問題。

舉例來說，有沒有辦法僅僅通過重新組合，就能夠將一組無色的粒子變成彩色的粒子？如果你的手裏有魔法棒，那就沒有問題了：你可以通過魔咒把顏色變出來。但是，物理學不能夠採用魔咒的方法。如果你只能採用物理學所認可的操作和轉化，那麼你唯一能做的就是移動粒子，改變它們之間相互聯結的方式。這些操作絕不可能將無色的粒子變成彩色的。這個例子很重要，因為顏色（以及其他的經驗屬性，例如溫暖、疼痛和聲音）正是我們希望用物理的方式進行解釋的東西。

物理學的確承認，在某些條件下，一種類型的粒子會被轉變為一個或多個不同類型的粒子（這有可能自發地發生，或者，當粒子高速相撞的時候）。但由於這樣的轉變產生的粒子只具備其他基本物質粒子所具備的那些種類的屬性——品質、形狀、旋轉、電荷等——因此，它們也完全缺乏像顏色這樣的經驗屬性。

如果你想把一系列基本粒子裝配起來，構成一個有生命的人類大腦，那會怎麼樣？這會有甚麼區別嗎？沒有甚麼區別，理由也一樣。完全缺乏現象屬性的那些粒子，僅僅把它們用不同的方式裝配起來，是不可能突然就**獲得**這些性質的。至少，沒有魔法的介入，這是不可能的事情。

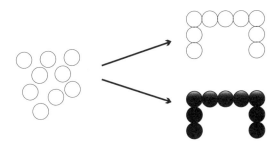

物理主義者面對的性質問題。我們很容易理解，重組一系列基本物理粒子會形成新的結構，這些結構會具備新的特性（例如，能夠支撐其他物體）。但是我們很難理解，僅僅通過把粒子重組，就會出現新的、這些粒子原來並不具備的固有性質，例如顏色。

因此，物質世界和意識之間的關係依然非常令人費解。的確，人們常說這是所有謎團中最大的、依然未解的謎（儘管宇宙學或粒子物理學前沿的研究者們未必會同意這個看法）。但是，我們並不需要感到絕望。正如我們現在看到的，關於意識問題至少存在兩種很有希望的進路，兩者都不會受到笛卡兒二元論的缺點的折磨。我不認為我們現在已經知道了，這兩種不同的進路裏邊哪一種更接近真相，但是我認為兩者都大有前景。

一種自然主義二元論

如果現象屬性與物質屬性截然不同，也不能夠被歸約為任何物質屬性，那麼某種形式的二元論就是不可避免的。不過，笛卡兒式的二元論並不是唯一的選擇。在著名的《有意識的心智》（*The Conscious Mind*，1996）一書中，大衛・查爾墨斯（David Chalmers）探討了一種"自然主義的二元論"（a "naturalistic dualism"）。

受到電腦科學長足發展的啟發，許多人已經願意接受這樣的想法，即我們的心智和大腦之間關聯的方式，也許就和電腦軟體與運行軟體的電腦硬體之間的關聯是一樣的。然而，認為我們的意識**只不過是**大腦裏邊的計算活動，這樣的觀點是有問題的：我們似乎完全可以構想，即使根本沒有出現任何形式的意識，這樣的資訊處理也是可以發生的。畢竟，我們沒有理由認為，一個物質系統在處理資訊的時候，除了要具備物理學認可的那些基本屬性之外，還需要具備額外的固有性質 —— 經驗屬性。

儘管查爾墨斯反對剛才勾勒的那種對意識的過於簡化的計算說明（也正因為這個原因），但他也認為，這個學說並不一定就是完全錯誤的。大腦是我們確知唯一可以產生意識的物質系統，我們也知道，隨着我們數以億計神經元的瘋狂活動，我們的大腦進行着巨量的資訊處理。這是一個巧合嗎？

查爾墨斯的肯定性提議是，經驗在性質上是非物質的，也和物質系統裏邊的計算活動不一樣，但存在着一個自然規律，**連接着**物質系統裏邊的計算活動和經驗。這個規律就是：任何物質系統，只要具備和人腦同樣的資訊處理能力，就可以產生經驗，而這個經驗和我們的經驗在特性上是完全相似的。因此，一個足夠強大的、恰當編程的矽基電腦，可以和我們一樣具有意識。而且，由於存在着許多能夠進行計算活動卻遠沒有人腦那麼複雜的物質系統 —— 例如，兔子的腦，我們電話裏邊的電腦晶片等 —— 因此完全有可能這些系統也產生了經驗，雖然是一類更加簡單的經驗。

查爾墨斯承認，這個理論還只是一種推測，然而它肯定優於其他形式的二元論，因為，它對物質活動如何能夠引起意識給出了一種（相對）詳細的説明。最近，神經科學家朱利奧・托諾尼（Giulio Tononi）率先嘗試把這類説明闡述得更加系統化。托諾尼（2008）認為，意識與一個系統裏邊的資訊數量有關，但更關鍵的是，也與這一資訊被整合進一個整體中的程度有關。他採用了一個數學單位 Φ，來表示資訊的整合：在一個系統中 Φ 值越高，該系統的意識水準越高。由於自省揭示了，我們的意識的確是高度整合的 —— 這也正是意識最與眾不同的特徵 —— 因此，意識所攜帶的資訊也是高度整合的。

我們的意識會以很多複雜的方式依賴於我們大腦裏邊的

變化，這讓笛卡兒式的二元論非常窘迫。為甚麼改變情緒的藥物會影響我們非物質的意識呢？為甚麼大腦中很小一個部分（海馬體）受到損傷，就會導致我們無法再有新的記憶？為甚麼另一部分（布洛卡區）的損傷會導致嚴重的語言能力受損？自然主義二元論者對於意識對大腦的這些依賴就沒有那麼尷尬了。因為他們主張，意識是由我們大腦中的計算活動產生的，因此，如果大腦發生了影響其計算活動的變化，那這些變化會對我們的意識造成極大影響，這也就在意料之中了。

笛卡兒的二元論允許心智和身體之間雙向的因果互動。身體的變化會造成心智的變化（例如，皮膚過敏的時候我們會覺得癢），心智的變化也會造成身體的變化（例如，因為我們記得，搔癢會讓我們癢得更厲害，所以我們就決定停止搔癢——我們也的確不搔了）。查爾墨斯版本的二元論允許物理事件帶來經驗——這正是大腦中計算活動所做的事情。但是查爾墨斯不相信我們的意識也會造成大腦中的變化。自然主義二元論的學說是：只有物理事件才可能導致其他的物理事件。採取這樣的立場，二元論者就不需要去理解非物質事物怎麼能夠對物質事物造成因果影響。因此，這個立場是有好處的，但同時也帶來了與直覺相悖的後果。我們有意識的決定從不會直接產生行動，在直接導致的意義上，一個想法不可能引起另一個想法——唯一能夠引起想法的是我們大腦裏邊的非經驗事件。當我們動手去搔癢的時候，導致我們身體動作的並不是癢的**感覺**，而是大腦中的某個純粹物理的事件。

根據這樣的觀點，我們的經驗 —— 我們整個有意識的生活 —— 和煙花的呈現一樣：充滿了光、色彩和聲音，但終究**僅僅是呈現**。

意識是重要的

　　還有另一個選擇，這個選擇不需要剝奪意識的行動能力。

　　如果物質事物只具備物理學說它們具有的那些屬性 —— 諸如品質、大小、動量、電荷等屬性 —— 那麼，很難看出意識本身如何能夠是物質的。因為，正如我們已經看到的，很難理解諸如此類的屬性如何能夠結合起來，構成或創造出我們在日常經驗中所發現的那些現象性質。有一個辦法可以繞過這個困難：我們需要做的是，增加物質事物能夠具備的屬性的範圍。我們需要接受，至少某些物質事物所具備的基本特性，要比物理學教科書上所說的那些特性更多、更高級。而且，由於我們希望將現象的領域和物理的領域整合起來，這些額外屬性在性質上就得要是經驗的。

　　這一進路有時候被稱為"羅素式的一元論"（Russellian Monism），因為著名哲學家伯特蘭・羅素（Bertrand Russell）在許多著作中都擁護這一提議，包括《物的分析》（*The Analysis of Matter*, 1927）和《人類的知識》（*Human Knowledge*, 1948）。在下面這段文字裏羅素指出，物理學對物質的描述是極為有限的：

> 物理學是數學式的，這並非因為我們對物質世界知之甚多，而是因為我們所知甚少：我們僅僅發現了其中的數學屬性。而對於其他部分，我們一無所知……物質世界僅僅是通過它的時空結構的某些抽象特徵而得到認識的──由於這些特徵的抽象性，它們其實並不足以表明，物質世界是否與心智世界在固有特性上有所不同。（1948:240）。

如果羅素是正確的，物理學（目前情況下的物理學）告訴我們物質世界的**結構**，但絲毫沒有告訴我們物質世界的固有特性，那麼，我們所知道的就是──所有的物理學所告訴我們的就是──某些物質事物的固有性質可能會是經驗的。這也正是羅素所提出的觀點。

羅素認為，物理學並沒有為我們提供有關物質內在性質的知識，這一主張並不是他的一家之見。科學哲學家們普遍認為，普通物理學所認識的屬性無外乎兩種：**結構的**（structural）和**行為的**（behavioural）。這些屬性所做的，無非是捕捉並約束粒子的形狀和大小，以及粒子間如何傾向於發生因果互動。假設有兩種不同類型的粒子 X 和 Y，在這樣的情況下，標準的物理理論就會告訴我們，這些粒子有多大，它們有甚麼形狀，它們有多麼重（即要讓它們以某個給定速度運動需要多少力），它還會告訴我們，它們相互間是如何互動的，例如 X 類型的粒子和 Y 類型的粒子通過磁力而相互作用的。但是，標準的物理學理論不會再告訴我們更多了。關於 X 粒子和 Y 粒子的固有性質，它們**本身**的樣子，或者填充了它們所占空間的那些東西的特徵是甚麼，物理學理論對這些隻字未提。

現在，我們完全有理由假定，至少現在，我們可以合理地假設，至少物質實在的某些基本成分確實具備固有特性。如果它們不具備的話，那物質事物 —— 無一例外地 —— 就會是易變的因果潛能簇（mobile clusters of causal potential），僅此而已。但是，如果一個世界裏所有的東西都只不過是潛能而已，那麼這個世界裏的變化也就僅限於潛能的變化，在這裏根本就不會**現實地**發生任何的事情。

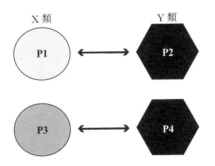

這幅圖展示了，物理學為甚麼沒有說明粒子的固有本質，這裏我們 P1—P4 代表了這些粒子。假定 P1 和

P3 在和其他粒子的互動中，以同樣的方式表現着，那它們就會被劃分為 X 粒子，即使它們的固有性質並不相同，這裏我們用內部明暗的差異來表示其固有性質的差異。P2 和 P4 也一樣。

我們知道，我們的經驗有着一些固有的性質 —— 顏色、聲音等等，它們在我們的經驗中非常重要。因此，在物質東西的關鍵處，至少某一些固有特性**本身**就是經驗的。說得更具體些，我們的大腦中存在着一些物理過程 —— 其他有意識的存在者的大腦中也有這些物理過程 —— 這些物理過程的固有性質是現象的。或者，用更簡單的方式表達，我們身上的某些物理過程是**有意識的**。

科學革命推翻了我們想當然的觀點，把顏色這樣的感官屬性與我們在環境中感知的物體相區分開來。在羅素看來，我們在一朵玫瑰上看到的紅色並不存在於玫瑰的表面，但是（現象的）紅色的確存在於物質世界：它是我們大腦中某些神經過程的固有屬性。如果經驗屬性確實處於物質世界（某些部分）的核心，那麼，經驗屬性本身就是完全物質的，即便物理學教科書上沒有這樣承認。具備經驗屬性的東西能夠因果地介入物質世界；意識也可以以我們通常假定它具有的方式而因果地有效。

除了羅素（Russell）、麥克斯韋爾（Maxwell）、菲格爾

（Feigl）、洛克伍德（Lockwood）和斯特勞森（Strawson）這些哲學家，也有科學家以這樣的方式看待經驗屬性。亞瑟‧愛丁頓（Arthur Eddington）就是其中之一，他對日食的觀察是對愛因斯坦相對論的首次經驗證實。在著名的《物理世界的性質》（The Nature of the Physical World, 1928）中，愛丁頓提出，儘管看上去和我們的直覺相悖，關於物質的固有特性，物理學並不能告訴我們任何東西：物理學能夠做的，就是以其驚人的準確性構建出一個數學框架，協調並預期可測量的物理量。由於物理學隻字不提物質事物的內在性質，愛丁頓指出，完全沒有理由假設，這些性質無法構成有意識的主體以及他們的經驗。

然而，知識根本上是不一致的，我們有甚麼知識可以構成一個思考着的東西呢？維多利亞時代的物理學家覺得，他在使用**物質**和**原子**這樣的術語時，他們知道自己在說些甚麼。原子就是很小的枱球，這個非常站不住腳的陳述是想要告訴你關於原子性質的一切，但這種陳述方式永遠不可能適用於先驗的事物，例如意識、美或者幽默。不過現在我們知道了，科學對於原子的固有性質並沒有說出任何東西。物質原子和物理學中的其他東西一樣，乃是一個指標讀數表。我們都認為，這個讀數表附屬於某個未知的背景。那麼，為甚麼不能把它和以思想為最顯著特徵的精神性事物關聯起來呢？只願意將它與不同於思想的所謂"具體的"性質相關聯，然後又去疑惑思想到底是從何而來，這似乎是很傻的做法……沒有任何東西會阻止構成大腦的原子聚合體本身就是個思考着的（有意識的，經驗着的）東西，因為在物理學看來，這個東西的性質還是不確定的和不可確定的。如果我們一定要將我們的指標讀數表和某種背景相關聯，那麼，至少請讓我們接受我們關於這個背景的意義所得到的唯一線索——那就是，它的性質能夠將它自身呈現為心智活動。（1928:259—60，斜體字是原書中的）

愛丁頓這裏所説的"背景"指的是外在的物質實在本身，**我們的**實在，物理學以純粹抽象的和結構性的術語描述了這一實在。愛丁頓進一步描述了我們"精神的"物質實在。他寫道，我們的性質"並非完全與我們意識中的感覺無關"。因此，雖然基本的物質粒子也許沒有我們所具有的經驗，但它們的性質允許它們結合起來，構成像我們自己這樣的經驗主體。

那麼，自我呢？

把構想物質世界和意識之間關係的不同方式區別開來，這對於我們理解自我的性質、理解我們自己的性質，有甚麼意義呢？根據 C- 理論，我們本質上是以 C- 系統形式出現的經驗主體，而 C- 系統實際上是一系列經驗能力，其獨特的屬性就是能夠形成統一的意識之流。這個對自我的説明，對於物質的東西和經驗的東西之間的確切關係這個問題，很大程度上持中立的態度。無論經驗本身是物質的還是非物質的 —— 正如我們所見，這依然是一個有爭議的問題 —— 產生經驗的能力是存在的，這一點沒有爭議，而 C- 理論所需要的僅僅只是這些能力而已。雖然這樣説，關於物質的東西和經驗的東西之間關係的不同觀點，還是會影響到自我與其餘的實在相關聯的方式。

如果實體二元論（substance dualism）是正確的，那麼整個情況就和笛卡兒所主張的差不多。如果經驗是非物質的，經驗能力和其他心智慧力一同存在於非物質的實體中，那麼 C- 系統本身就完全是非物質的。我們有物質的身體，但是，使得一個特定的身體屬於我而不是屬於（比如説）你的，乃是我自己與這個特定身體之間因果關聯的存在。

如果查爾墨斯式的自然主義二元論（Chalmers-style naturalistic）是正確的，那整個情況就大不相同了。經驗是非物質的，因此經驗也就不存在於物質空間裏邊。然而，具備意識能力的恰恰是物質事物 —— 而不是非物質的實體。因為，在我們的宇宙裏存在着一些基本的自然規律，它們支配着經驗的產生。這些規律包括，當物質系統實施計算活動的時候，就會產生經驗，不同類型的資訊處理會產生不同類型的經驗。根據這個版本的二元論，我們的意識之流就是非物質的，然而產生意識之流的 C- 系統則完全根植於物質世界。

最終，我們是混合的存在者，一隻腳立於物質世界，另一隻腳立於非物質世界。

如果羅素式的一元論（Russellian monism）是正確的，情況又不一樣了。經驗在性質上完全是物質的，經驗能力是物質系統所具備的。經驗和產生經驗的能力，兩者在性質上都是物質的。雖然我們具備意識這一點讓我們與眾不同，但我們和其他的物質事物一樣，完全是物質世界的一部分，正如我們在下一章中會看到的，這些不同的觀點對於自我的未來有着非常不同的意義。但是，在探討這些新問題之前，我們先繞一小段路。

殭屍的自我

在這本書裏，我引用了來自小說或幻想的大量生物：有智慧的鸚鵡、外星人、有感情的電腦、精靈、樹精，以及吸血鬼。有些人會覺得疑惑，殭屍有甚麼問題？為甚麼完全沒有談到殭屍呢？在我寫這本書的時候，殭屍正在電視節目、電影，以及電子遊戲裏大行其道。變成殭屍的人肯定要經過非常劇烈的生理和心智變化。然而，這些變化**的確是**更成問題的，這可以從兩個方面說明。

首先，殭屍到底是**甚麼**，或者一個人怎麼才能變成殭屍，人們的看法有很大的分歧。傳統的海地殭屍是被巫術魔法（voodoo magic）賦予生命的屍體，它受控於那個讓它起死回（類）生的巫師。羅梅洛（Romero）在《活死人之夜》（*Night of the Living Dead*, 1968）中描寫的殭屍是吃肉的怪物，單單被其無窮的飢餓感所驅使。羅梅洛的殭屍不是由巫術創造的：只要被它咬一口就足以被感染，導致改造（這和吸血鬼很像）。除了這些區別之外，殭屍的心智中到底發生了甚麼，我們還並不清楚。眾所周知，殭屍是非人類生物，然而它們的心智卻並沒有因為改造而發生根本改變。

殭屍帶來的第二個更重要的問題是，殭屍這個術語在哲學界有一種特別的用法。就行為、內在的物質結構和外在的樣貌而言，一個**哲學意義上的殭屍** —— 也就是從現在開始我們所關注的唯一一種殭屍 —— 和一般正常人是沒有甚麼區別的。但是有一個不同之處，一個很重要的區別：它們完全不具備意識。它們不具備有意識的思想以及任何種類的感覺經驗，儘管通過觀察你永遠都不會猜到這一點。由於殭屍從行為上看和人類沒甚麼區別，因此它們也談論一個正常人所談論的一切事情；由於我們常常會談論自己的經驗，因此殭屍也會這樣做 —— 雖然它們其實根本就沒有任何經驗。

在近年有關物質—意識關係的討論中，常常都會出現殭屍，這一點不難理解。如果存在這樣一種生物，它在所有的物質層面都和普通人類毫無兩樣 —— 包括大腦也一樣 —— 但卻完全缺乏意識，那麼很難看出來，意識本身如何能夠是物質的了。如果意識確實是物質的，那麼你的任何一個精確的物質複製品都應該和你具備同樣類型的經驗。所以，如果殭屍**確實是**可能的，那麼意識就不可能是物質的，某種形式的二元論就應該是正確的，笛卡兒的觀點就會得到證明。

殭屍也對其他的心智理論提出了挑戰。假設隨着納米技術的進步，我們可以用矽基替代品替換大腦的神經元，這些替代品在物質的層面精確地複製了生物原件的資訊處理功能。還假設你有好些朋友已經置換這種耐用的、更加可靠的大腦，表面看來他們完全沒有變化，也沒有出現任何不幸的心智後果 —— 他們都聲稱，自己的經驗和以前一樣生動。你會不會和他們一樣，也去做同樣的大腦置換？還是說，你會有非常嚴重的擔憂？你完全有可能擔憂，尤其是你知道，殭屍也會説起自己的經驗如何生動精彩，儘管他們完全缺乏經驗。如果你相信那些使用矽質大腦的朋友們**有可能**是殭屍的話，你就會拒絕認同對心智的以下説明：心智過程不過是計算的過程而已。因為，根據這一觀點，一個能夠保存你神經元的資訊處理功能的轉型過程，不會對你的心智造成任何方面的影響。

大衛·查爾墨斯（David Chalmers）在《有意識的心智》（*The Conscious Mind*）一書中為二元論作了辯護。他這樣做，有很大一部分原因在於，他認為沒有理由否認殭屍可能性。如果殭屍**可能**存在，那麼就很難看出，物理主義的心智理論如何可能會是真的。

這個話題在近期的文獻中不再那麼顯著，但殭屍依然可以對有關**自我**的問題帶來有用的啟發。假設殭屍是可能的。對於我們目前的意圖來說，它們是否具備與我們一樣有血有肉的大腦，這一點無關緊要；重要的是，他們在行為上與普通人沒有區別，它們的行為源自它們大腦裏複雜的資訊處理系統，而不是某個"不正常"的來源，比如說，魔咒。現在，我們可以提出關鍵問題了：如果這類殭屍存在的話，它們會**是自我**嗎？

你也許會情不自禁地説不是，它們只是沒有心智的模擬物，它們雖然通過了被算作自我的動議，但並不真的就是自我。你認為它們不是經驗主體，你的這個看法是完全正確的，因為它們不具備任何形態或形式的經驗。然而，把它們看作**沒有心智的**，這一點有可能是錯的。殭屍缺乏意識，但是在其他方面，他們都是非常了不起的東西。普通的桌子也沒有意識，但桌子的活動清單是相當有限的；桌子可以放在一個地方，供我們吃晚餐，僅此而已。與之形成對照的是，殭屍能夠以一個普通人的一切方式行動。除了可以四處走動，它們也能夠參與智力對話，以富有創意的方式解決問題，講笑話，學習新的技能和語言，欣賞音樂和藝術，寫小説，忠誠於（或者背叛）朋友，等等等等。就它們外在的行為而言，我們能做的一切事情它們都能做（除了它們完全缺乏意識這一點以外）。

　　與其認為殭屍是沒有心智的，不如説他們具備一種獨特的心智。這種具備獨特心智的存在者也是一種獨特的自我。因為它們缺乏意識，任何（有意識的）自我都不會把殭屍的自我等同於一個正常的自我。殭屍們聲稱它們具備感情和感覺 —— 還有有意識的思想和記憶 —— 但它們實際上所具有的，只是它們資訊處理系統中的無意識狀態，這一狀態被它們稱為"感受"、"思想"、"記憶"等等。一個殭屍如果斷了一條腿，會説自己很疼，但是其實它沒有任何感覺；當殭屍説到熱情、厭惡、或者憤怒時，情況也是如此。在這樣的情況下，我們完全有理由認為，殭屍的自我 —— 以及它們的生活 —— 和正常的、有意識的自我相比，內在價值要小得多。但是這個價值到底小多少，我們還並不清楚。

　　如果這樣的殭屍的確出現了的話，那意識本身的重要性將會被大大削弱。這一事實使得目前的問題更加複雜了。如果我們能做的一切，不具備意識的殭屍都可以做到 —— 如果它們和我們一樣具備創造性，具備有想像力地解決問題的能力，能夠發展親密的友誼，做出善的舉動等 —— 那麼，看上去似乎意識**本身**對於有意識主體的行為清單並沒有甚麼有價值的、獨特的貢獻。如果是這樣，那把意識看得如此重要，是否真的是對的？

還有最後一點。我們已經看到，對我們這樣有意識的主體而言，用（資訊式）空間傳送的方式來旅行是非常危險的提議。而對殭屍而言則完全不一樣。由於殭屍缺乏意識，殭屍生命的繼起階段沒有與經驗的連續性（無論是現實的還是潛在的）束縛在一起，因此，經驗的連續性會被空間傳送打斷這一事實對殭屍而言完全無關緊要。但是，他們生命的繼起階段的確受到另一種心智連續性的束縛：新洛克主義者們所說的基於因果的心理連續性。假定我們都認可殭屍具備某種心理狀態，那麼殭屍的記憶與個性特徵完全可能有歷時的因果關聯。由於空間傳送確實保留了心理的連續性，那麼殭屍就沒有理由需要尋求更昂貴的旅行方式。

第9章　未來的自我

　　作為結論，我想探討未來的科技發展還有哪些方式，會對我們的生命和自我產生影響。我們已經花了不少時間了思考各種稀奇古怪的裝置和傳送過程，然而大多數時候，我們並沒有交代引入這些技術（或魔法）裝置的原因。一個普通人的生命有多方面的分支，有許許多多的連續性和各種各樣的關聯性。其中有些與我們連續的存在有關，有些則無關。引入我們所考慮的旅行模式，是為了讓我們能夠區分出那些和我們連續的存在最相關的連續性。考慮經過一個旅程或是改造的過程，我們是否能夠存活下來，這已經幫助我們發現了我們所是的事物種類。正如我們看到的，我們本質上是經驗主體：我們唯一的本質屬性就是具備經驗的能力。

　　在本章中，我們將注意力限制在有變革潛力的技術上，這些技術在未來**真的**是可能的，也確實會影響現實的生活。

這些技術有可能打開通往不朽（或近乎不朽）的大門，並且讓我們能夠不受這個世界限制地旅行。除此之外，據該技術的熱情擁躉看來，這種技術的實現完全可能比我們預期的要早得多——只需要幾十年而非上百年的時間就可以實現了。我還遠不能確定這些更加樂觀的預期是對的，我也不確定它們是錯的。

單單這一點就是思考相關技術的理由，不過這還不是唯一的理由。在評價這些戲劇性的改造是否真的可能——**對我們而言**是否可能——的時候，自我的本質，還有自我可以經過甚麼類型的變化而依然存活，都是非常重要的問題。

超人

正統醫學致力於治療疾病和身體的不適，並減少痛苦。近年來正統醫學有了長足的進步，然而還有許多工作可以做。為了人類的好生活，是否有可能存在着更加野心勃勃的進路？即便我們找到了治癒良方，可以治好目前無法治療的所有疾病，但人類短短幾十年之中還是會持續變老、衰弱，最終死亡。雖然這是我們的生命要經歷的自然過程，但這是一個不可避免的過程麼？

如果生物科技以目前的速度發展下去，很有可能用不了多久，我們就有可能——如果我們如此選擇的話——大大延長我們的**健康壽命**，我們享受精力充沛的健康的時長。如果有這樣的選擇，尤其是，如果我們知道，我們不會生病，我們的身體和心智始終都會像二十五歲那樣，難道我們大多數人不希望活個兩、三百年，或者更久嗎？這要成為可能，就必須從遺傳和生物化學的層面對我們的身體進行徹底改造。不過，多虧了遺傳學、生物化學、納米化學和神經科學預期的發展，這個改造是絕對不成問題的。

對於參與超人主義運動（the transhumanist movement）的那些人來說，這一天來得還不夠快。根據他們自己的常見問題解答（FAQ），這一運動"肯定了通過實用理性，特別是通過發展並推廣抗衰老技術以及提高人類智力、生理和心理能力的技術，根本地改善人類境況的可能性和可取性"。[1] 超人主義者們還不滿足於僅僅延長我們的健康壽命，因為，正如哲學家尼克·鮑斯特羅姆（Nick Bostrom）所說，他們"將人類的本質看作一個過程中的作品，一個剛烤了一半的開頭，我們可以學着以我們希望的方式對它進行重塑"。[2] 因此，他們的旨趣在於人類的**優化**，要給未來的人類或者"後－人類"優異的體格和智力，更別提那種改良了的情緒特徵了。

---

1 http://humanityplus.org/philosophy/transhumanist-faq/.

2 請見鮑斯特羅姆（Bostrom）的《超人主義價值》（"Transhumanist Values"），載於 http://www.nickbostrom.com /ethics/values.html。

法 蘭 西 斯 • 福 山（Francis Fukuyama）把 超 人 主 義（transhumanism）稱為"這個世界上最危險的想法"，並基於倫理和政治的理由對之提出反對。在這裏我不想去攬這趟水。[3] 我要考慮的問題很直接：後－人類主義者們所想的那些深刻的改造是**我們**能夠存活的那種變化嗎？這個問題的答案一點也不含糊："是的"。如果我們是經驗主體，那麼我們唯一的本質屬性就是我們的意識能力。對我們 DNA 的改變，或者納米技術對我們血肉之軀的改造 —— 甚或是替換，都不會對我們的存在造成威脅，只要它們不影響我們的意識能力。

　　實際上，C- 理論與最劇烈的改造也不矛盾。經過對我們智力和認知能力的優化，我們是完全可以存活下來的，不過，經過劇烈的心理改造，包括對我們信念、價值以及個性的大規模篡改或替換，我們也依然可以存活下來。在第 4 章裏邊，我們遇到了 U-SIM，這種遊戲機能讓使用者選擇在虛擬探險中希望經歷的心理類型；由於主體一直保持清醒，完全有意識，因此他們的存活是得到了保證的。如果發展成熟了，這個技術完全沒有理由局限在娛樂領域：有些人也許會選擇改變他們**實際**的心智。

3　關於這個論題的更多討論，請見 Savulescu and Bostrom(2008)。

不一定每一人都想要巨大的心理改造，特別是，如果這些改動是永久的。但是，如果人的生命比我們自己的要長得多，或許長好幾倍，那麼，有些人也許會選擇這麼做；還有甚麼比這個更好的辦法能對抗無聊呢？

從空間傳送到物種形成

如果未來會出現某些技術，能以細緻的、可預言的方式對我們的心智進行操縱，那它們就有可能會影響到關於空間傳送的論爭。

在第 7 章中，我們提到了馬克·約翰斯頓的建議，他認為我們的本質也許是普羅透斯式的，通過改變我們的哲學信念和根深蒂固的本能，我們或許就能夠改變我們實際上能夠存活的那些改造類型，從而也改變我們所是的事物類型。空間傳送，對於那些一度將這一旅行方式看作是致命的人而言，也會成為一個可行的選項。作為對這一觀點的回應，我提出，要引起所需的態度轉變，也許比約翰斯頓所設想的要困難 —— 而他也承認，這個轉變並不容易。這也許就是目前的情況，不過，不難想像有人會這麼說：

> 是的，你的如下說法可能是對的：我們的自我指向的關切鎖定在連續性而非心理連續性上，因此空間傳送不會保留所有對我們而言重要的東西。你的如下說法也

可能是對的：用約翰斯頓所建議的方法來引起我們態度和本能上的改變，這也許是我們大多數人力不能及的，我們不可能自願地希望我們自己進入一種心智 —— 或存在 —— 狀態，在此狀態中，心理的連續性單獨地就可以保留一切重要的東西。不過，未來的技術或醫學發展很可能讓這一切都無關緊要。在未來，關於哪些是可以存活的，一個人的態度完全可以被強力改變。所需要的可能只不過是短短一場高級催眠而已 —— 甚至僅僅吃粒藥丸，就可以做到這一切。

由於我們完全能夠想像，未來改變態度的技術會遠遠超出如今的水準，因此，把這個可能性排除在外就太天真了。如果**確實**出現了這樣的技術，那麼，通過資訊式空間傳送完成毫無壓力的旅程，這一前景對我們所有人來說都會成為現實。在吃藥或者被催眠**之前**，一個人的身體和意識就被完全銷毀了，這個前景是相當可怕的，活下來的不過是一個心理拷貝，這個想法也是十足可笑的。但是，吞下藥品**以後**，整個局面就不一樣了。按下空間傳送艙裏的開關，現在不會帶來一絲恐懼；似乎實在是顯而易見，這個製造出來的心理拷貝就是**你**，不是任何其他人。

退一步說，如果這些技術發展起來了，人們就可以選擇他們想成為的那種自我。人類動物，新洛克式的經驗主體和心理自我，都是有理性、有意識的存在者（至少在他們正常的成年狀況下），然而，儘管如此，他們是不同種類的自我。他們之間的區別在於不同種類的連續性 —— 分別是生物的、經驗的和心理的。這些不同的連續性是保持他們存在的必要充分條件。由於這個區別，每一種自我都有不同的持存條件：每一種都有經歷不同類型的改造而存活下來的能力。如果你所是的那種自我是由你對於你能經歷甚麼變化而存活下來的最深刻信念和感覺決定的，那麼，通過改變這些信念和感覺，就有可能改變你所是的那種自我，因此也改變了你能夠採用的旅行方式或改造方式。

不容否認的是，對我們心理狀態做出深刻的改動，這會帶來同樣深刻的道德問題。在接下來的幾十年（幾百年）中，這毫無疑問會是一個持續被爭論的話題。先把倫理問題放在一邊，隨意使用這些技術也可能會帶來實際的損害。我們只提最明顯的一個損害：如果啟動了一個心理拷貝，我們就有能力戰勝身體死亡而繼續存活，這種能力本身很可能對人們對參與危險體育項目、飆車、或戰爭的態度產生全方位的影響。

到目前為止，我們歷史上的"物種形成" —— 即新物種出現的過程 —— 一直都是純粹生物的過程，被自然選擇驅動著。如果超人主義者們希望的那種人工生物優化成為可能，那麼生物進化就不再是由自然選擇驅動的。不過，我們現在能夠看到，還有物種形成的另一個路徑，這條路徑不需要深刻的**生物**改造。所需的只是技術的發展，發展到有可能深度改變我們的心理。

如果技術發展到了這一步，那麼，未來即便沒有生物優化，也可能會出現不同類型的人類自我，相互共存。有些人會吃顆藥丸，完全而徹底地變成新洛克主義式的自我，並相應地活動。但其他人會放棄這個機會，繼續把他們自己當作──或者覺得他們自己是──另一種不同的自我：因而，他們依然會是經驗主體，或者（只是可以構想的）是人類動物。

這種模式的物種形成不是生物的，也不會受基因隨機變異和自然選擇驅動。它的驅動力──在很大程度上──來自純粹哲學的反思：成為哪種自我才是最好的。說到進化，哲學思慮和論證比基因變異和自然選擇更有優勢，但這個方向是否可以預期，這只有時間才知道。

虛擬天堂

有些未來學家──例如雷・庫茨維爾（Ray Kurzweil）和漢斯・莫拉維克（Hans Moravec）──都熱切地預言了某個更激進的事情：創造出電腦維持的虛擬世界，人們可以"上傳"他們的自我並展開生活。

如今，我們許多電腦遊戲已經提供了相當大規模的虛擬世界。雖然在如今這一代的遊戲中，虛擬環境看上去常常頗令人驚歎，但遊戲玩家的角色依然局限於通過鍵盤、控制板，或者（最近）揮舞手臂來控制虛擬人物的動作。"上傳"論的擁躉希望實現的，是能夠**自己**完全地、徹底地進入電腦維持的世界。完成了上傳程式之後，你不會從虛擬世界之外看它，而是就**在**這個世界裏面，你是完全有意識的，作為一個完全成熟的參與者，能夠隨意移動你（虛擬）的身體。和你在虛擬旅程中遇到的其他人一樣，你的心智 —— 你的意識 —— 會在電腦上"運行"。實際上，你將會已經完全離開了這個世界 —— 或者至少，你不再會意識到這個世界。你的現實就是你選擇進入的那個虛擬現實。不過，這個虛擬世界缺乏具體的物質實在，這一點將不再重要：它**看起來**和這個世界在各個方面都同樣真實、同樣豐富（或者更加豐富）。你發現自己所在的身體和你現在的身體將會是完全一樣地血肉豐滿、有模有樣。

如果作為一個虛擬世界中虛擬主體的生活僅限於玩電腦遊戲，那麼，把自己上傳到這些世界的可能性，最多也不過是一種更加沉浸式的消遣遊戲。但是，上傳論的熱衷支持者們所想的還要更加野心勃勃。他們設想虛擬領域裏存在一個完整的文明，包括百萬甚至億萬永久居民，這些居民的全部生活都在那裏展開。如果電腦的威力以我們預期的方式發展 —— 即大約每兩年翻一倍，體積更小而處理力更強 —— 那麼，一部能夠容納維持大量完全有意識的虛擬主體，以及他們所創世界的電腦應該也占不了多少（現實的）空間。而且，由於虛擬主體不受血肉之軀的限制，因此也就不需要納米科技去保證健康長壽得以可能；虛擬主體想活多久都可以，只要維持着他們的電腦有運行量源——最少也可以活個好幾十億年。

這個虛擬文明也會有相當於公共空間的地方，人們可以會面、交談，和我們這個世界一樣。但是，我們這個世界的建築設計受限於重力，還有可用原材料的強度和成本，而在虛擬實在中就沒有這些限制了：唯一的限制就是虛擬建築師的想像力。我們幾乎想像不出他們會創造甚麼樣的奇跡。但是，作為一個虛擬公民，你不一**定**要把所有時間都花在公共空間裏，你可以——如果你這樣選擇的話——致力於設計你自己的虛擬世界。你可以選擇在增長了的智慧的幫助下，花上一兩百年去探索高等數學。或者，你也可以決定花上一二十年，不斷地開派對；毫無疑問，你會發現很多人願意加入你的行列。

簡而言之，虛擬世界提供了無限長壽、始終健康的生命，以及做我們喜歡的事情、進行我們喜歡的創造的自由。它們和天堂很相似，只不過少了個監督我們的、嚴厲的道德上帝。這有甚麼不好呢？

這些假想的場面也許聽起來都過於牽強了 —— 和數碼夢境沒有甚麼區別 —— 但是超人主義者們手中還有另一張牌，那就是"奇點"（singularity）。如今，我們可以自行支配的人工智慧（AI）還不強大：解數學題、弈棋，這些是相當強大了；但一般的常識，那就不行了。不過，它們也在慢慢得到改善。假設我們發展到這樣一個地步，我們設計和建造出來的人工智慧能夠設計出比它們自己更強大的人工智慧，每一個新一代人工智慧都迅速創造出更強大的人工智慧。如果發生了這樣的事情，那麼，由於每一代人工智慧不但更加強大，也更加迅速，用不了多久，我們就會有一個"智慧大爆炸"，其結果會是一些**超級智慧**型機器，這些人工智慧的認知能力遠遠超出普通人的認知能力，就像人類的平均認知能力遠遠超出了昆蟲的認知能力那樣。[4] 這些人工智慧如此先進，以至於我們根本無法預計它們的影響，或者它們可能會決定做甚麼 —— 未來變得不可知，這就類似於引力奇點的內部，也就是我們所說的黑洞。

　　設計出真正強大的電腦，這也許超出了我們的能力，

4　這裏是數學家及電腦科學家傑克・古德（Jack Good）在 1965 年的論文中是這麼說的："讓我們把超級智慧型機器定義為這樣一台機器，它能夠遠遠勝過任何人（無論他有多聰明）的智慧活動。由於設計機器是智慧活動之一，因此，超級智慧型機器可以設計出更好的機器；這樣，毫無疑問，就會有一個'智慧大爆炸'，人的智慧會被遠遠地甩在後面。因此，第一台超級智慧型機器就是人類需要作出的最後一個發明。"溫格（Vinge）在〈即將到來的技術奇點〉（"The Coming Technological Singularity", 1953）一文中使用了"奇點"這個術語。

但是對於我們能夠建造的人工智慧更有能力的後代而言，這也許並不困難。建造虛擬天堂的能力，使上傳得以實施的技術，對於這些超級智慧型機器來説，也許並不是甚麼難事。

天堂裏的殭屍

這一切聽上去好得幾乎不可能是真的 —— 也有可能的確不是真的 —— 但如果把這些場景當作僅僅是稀奇古怪的念頭，那就會是個錯誤。實際上，有一些嚴肅的思想家非常嚴肅地對待奇點論證。（最近《意識研究雜誌》，*Journal of Consciousness Studies*，上刊登了大衛‧查爾墨斯，2010，討論這個問題的一篇文章，另外還有二十六封其他科學家和哲學家回應他的論點的信。[5]）如果確實出現了超級智慧，而它又願意與我們合作 —— 我認為，我們應該留心不要排除這一點 —— 那麼，我們關於技術發展步伐的通常假設就不適用了。也有一些嚴肅的思想家，如鮑斯特羅姆和桑德伯格（Sandberg, 2008），也討論了將我們自己上傳到虛擬天堂的可能性。[6]

---

[5] 在《意識研究雜誌》（*The Journal of Consciousness Studies* 19, 2012, 1-2）可以找到對查爾墨斯（2010）的回應。

[6] http://philosophy.ox.ac.uk/_data/assets/pdf_file/0019/3853/brain-emulation-roadmap-report.pdf.

但是，讓我們一步步來，先考慮這個關鍵問題：這些虛擬世界的居民們，實際上是有意識的嗎？它們當然是非常複雜的軟體。畢竟，它們的程式將會是來源於對人類大腦裏細緻的神經結構所作的詳細掃描，它們會具備和大腦一樣巨大的複雜性。但是，它們依然是由流淌於計算機電路中的資訊模式構成的。這是否能夠**保證**它們將會是有意識的呢？

　　說到意識和物質世界的關係，正如我們已經看到的，有許多值得仔細考慮的、相互競爭的觀點。至於電腦維持的虛擬世界中的那些居民的心智生活的類別，這些相互競爭的觀點也有非常不一樣的意義。

　　對笛卡兒和笛卡兒式二元論者來說，我們有意識的心智居於非物質的實體中。如果有意識的心智實際上根本就不是物質領域的一部分，那麼，認為完全物質的電腦中發生的活動能夠自身就建構起一個意識或一個有意識的主體，這樣的假設就是錯誤的。因此，對於願意去做的上傳者而言，笛卡兒式的觀點就是非常不友好的領域，在物質機器中出現的計算過程不可能是意識存在的地方。即便這種複雜的軟體造物能夠複製普通人類的行為 —— 它們和我們一樣活動、交談等 —— 它們依然不會、也不可能是有意識的主體。它們會是殭屍，哲學意義上的殭屍。由於它們的複雜性，說這些虛擬殭屍具備獨特的**精神生活**也許不一定是錯的，但它完全不具備經驗；它無法擁有我們可以想像自己所享有的那種心智生活。

關於心—身關係的另一個立場是羅素式的一元論。這一觀點是徹底的非二元論的：在持這一觀點的人看來，物質世界的成員完全足以具備經驗和經驗屬性。考慮到基礎物理學教科書中完全沒有提及經驗屬性，這又何以可能呢？是否這是可能的，因為目前的物理學對物理世界的認識還**遠不是全部**？至少羅素主義者是這樣認為的。

如果思考意識和更廣闊世界之間關係的這種方式是正確的，那麼數位化天堂的前景就並沒有完全破滅，不過，它們還是會遭到重大的打擊。從物理和化學的角度看，人類大腦和矽晶片顯然是很不一樣的。我們所知道的唯一能夠構成意識的物質進程，只可能在像我們這樣的哺乳動物大腦中發現。因此，沒有任何保證，矽晶片 —— 或者矽晶片在未來的非生物替代品 —— 裏的資訊處理就一定能夠維持我們所具有的那一類有意識的心智。很可能結果是，至少在我們的宇宙裏，意識和生—化活動的聯繫是密不可分的，因此，你不可能兩者只取其一。如果是這樣的話，即便有可能建造出能夠維持意識的人工物質系統，其結果也很可能是，它們的運行速度會和我們的大腦差不多，大小也差不多，所需要的能量也相似。那種我們可以以超高速"運行"億萬人的想法就只不過是白日夢而已。

然而，從查爾墨斯的自然主義二元論的有利觀點出發，情況就會大不一樣。你應該記得，根據這一觀點，意識本身並不是物質現象，經驗的本質是非物質的。然而，經驗的出現和特定的物質過程以類似規律的方式相關聯。由於這裏所說的這個物質過程是計算過程 —— 它們需要在物質系統中，或通過物質來處理資料或資訊 —— 那麼就完全沒有理由解釋，為甚麼一個物體一定要和大腦一樣才能夠產生經驗。一個系統，只要能夠以正確的一類方式 —— 比如，以你大腦所做的那類方式 —— 處理資訊，就會產生經驗。

現在，如果這個觀點是正確的，那麼超人主義者以及虛擬世界的未來居民就可以放心了。如果技術變成了觸手可及的，那麼，住滿了有意識存在者（而非殭屍）的虛擬世界 —— **虛擬天堂** —— 就會成為現實。

上傳，還是不上傳？

讓我們暫時假設，包含有意識主體的虛擬世界是可能的。[7] 那麼我們是否也有可能搬到裏面去呢？在葛列格・伊根（Greg Egan）1997 年的小說《漂泊者》（*Diaspora*）中對這個過程有一個虛構的描寫，在上傳過程的最初（非常具有破壞性的）階段：

---

7 本章餘下部分的材料取自 Dainton（2012）。

納米體的波掃過奧蘭多（Orlando）的身體，關閉了神經系統，封起血管，把入侵的不適降到最低，隨着身體被讀取再被拆解為能量，一堆潮濕的粉紅色殘餘物留在了在碎石上。幾秒鐘之內，所有的波在他的臉上聚集起來，形成一個灰色面具，鑽進頭骨一路蠶食。逐漸減弱的納米體噴出液體和蒸汽，讀取關鍵的染色體資料並進行編碼，把大腦壓縮為前所未有地緊湊的自我描述，而將多餘的東西作為廢物摒棄。

英諾西羅（Inoshiro）彎腰撿起最終的產品：一個水晶球，一個分子記憶體，裏面包含了奧蘭多曾經的一切的簡況。

奧蘭多的大腦被蠶食拆解為能量之後，真的能夠存活下來嗎？那個虛擬的奧蘭多真的就是**奧蘭多**，還是只不過是他的一個複製品？在超人主義者看來，這個情況很明確。掃描的過程也許比較血腥，具有破壞性，但是結果的確得到了奧蘭多神經狀態和過程的一份完整精確的記錄。這份記錄可以用來在虛擬世界中製造一個有意識的主體，這個主體的心理就是奧蘭多的。因此，奧蘭多經過上傳後能夠存活下來，如果你經過了同樣的過程，你也能夠存活下來。

這一設想的過程實際上就是資訊式空間傳送。唯一的區別在於，複製品醒過來之後發現自己在虛擬世界裏邊，而不是真實世界裏邊。然而，正如我們看到的，這個過程的結果到底是不是**你**醒過來了，這個問題上面還懸着大大的問號。由於破壞性的掃描破壞了 C- 連續性，因此這個過程無法讓我們存活。在虛擬世界裏醒過來的那個人不會是你，他只不過是你的一個蒼白的心理拷貝。

我們是否能夠研究出可以保存 C- 連續性的上傳程式？這個問題的答案取決於如何回答經驗的東西和物質的東西之間的關係這個問題。而對於後者，我們還不知道如何充滿信心地給出答案。如果查爾墨斯的自然主義二元論是正確的，意識是通過自然規律與資訊流模式相連接的，那麼，我們就完全有可能在真實和虛擬的現實之間搭建起維持 C- 連續性的橋樑。但是，如果羅素式的一元論是正確的，那我們的意識就和我們的大腦緊密聯繫在一起，搭建這樣的橋樑就不可能了 —— 即便假設由機器生成的虛擬世界本身還是可能的。[8]

8　即便上傳真的被證明不能夠保存 C- 連續性，這最終也有可能無關緊要。從我們目前境況 —— 我們目前如何構成 —— 的立場看，似乎很清楚，C- 連續性的破壞會終止我們的存在，但心理形式的存活則會非常不同於存活本身。然而，如果我們的性質是普羅透斯式的，而技術發展也使得對我們活以及關於自我的感受和態度能夠得以再造，那麼，正確的處置過程就可以把我們改造成為新洛克式的主體。那樣，我們就可以對上傳過程安之若素，而數碼天堂也會在我們的掌握之中。當然，這裏的前提條件是，我們準備好了允許我們自己以這種方式得到再造。

模擬威脅

假設讓先進的電腦來維持完全有意識的主體**確實是**可能的。假設在未來，有許許多多這樣的主體存在，它們過着各種各樣的生活，有各種各樣的經驗。一旦承認了這個可能性，那麼另一個可能性也就出現了。

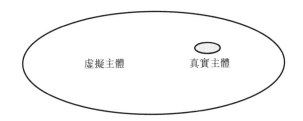

電腦維持的虛擬生命形式主體的總數，完全有可能遠遠超出正常的、非電腦維持的主體的總數。考慮到這個比例 —— 如上圖所示 —— 難道你不會更加可能已經是一個機器維持的主體？

你也許會覺得這個推理很可笑。這些未來的虛擬主體難道不正在享受着絕佳的未來經驗嗎？他們難道不是在他們的虛擬天堂裏過着他們豐富多彩的生活嗎？而我們則在過着二十一世紀初的普通生活，擁有的是這個歷史時期普通人類所有的那些（往往陰鬱的）經驗。因此，我們從自己經驗陳舊而沉悶的特徵知道，我們並**不是**那些存在於未來的虛擬主體的一員。或者說，你可能會傾向於這樣推斷。

然而，這一反應忽視了兩點。首先，是的，許多虛擬主體會擁有與二十一世紀的一個普通人完全不同的經驗。但是，並不是所有虛擬主體都是這樣的。也有可能許多虛擬主體會時不時想要知道二十一世紀的普通人到底過着甚麼樣的生活，甚麼樣的內心生活。考慮到這一點，人工生成的二十一世紀類型的意識之流完全有可能比真正的人要多得多。其次，許多虛擬資料流程（讓我們暫時這樣說）將會是完全空想的、虛構，根本就沒有對應於任何"真實"的生活——畢竟，未來機器的發明和創造能力與它們的純粹計算能力一樣地強大無比。由於（根據目前的假設）未來存在的虛擬資料流程總數也是巨大的，因此，如果這些虛擬主體發現它們居住的虛擬環境是虛構的，那你的經驗很有可能也屬於此類。如果是這樣，那完全有可能根本就不存在二十一世紀的地球。

理解未來最強大的電腦到底有多強大，這一點非常重要。尼克・鮑斯特羅姆提供了一個非常有用的說明："一個行星品質（Planetary-mass）電腦的運算速度大約是每秒 10^{42} ……這樣的電腦可以在不到 10^{-7} 秒的時間裏，類比出人類的全部精神生活史（稱之為**祖先模擬**〔ancestor-simulation〕）。"（2003：247-8）讓我們把話說清楚："祖先模擬"包括對**每一個**曾經活過的人的全部有意識生活的類比。顯然，在類比精確掃描技術出現以前的人們的生活時，模擬機將不得不依靠訓練有素的臆度，不過這無關緊要。如果我們的後代（無論是人還是機器）能夠利用手頭電腦資源的一小部分來運行祖先類比，他們就完全有可能這麼做，經常這樣做。在這樣的情況下，你我都居住在電腦類比中的可能性就會相當高了。

鮑斯特羅姆的"模擬論證"表現出一個三難困境。根據他的說法，我們必須相信下列論斷至少有一個是真的：

（1）人類這個物種很可能在尚未達到技術先進的階段就已經滅絕了。

（2）任何一個發達的文明都不大可能會運行對自己的歷史的大量模擬。

（3）我們幾乎肯定生活在電腦類比中。

因此，如果你對人類長遠的未來抱有樂觀的態度，認為我們的後代會發展、開發模擬技術，那你就會拒絕（1）（2），而接受（3）。

通往虛擬世界的條條大路

也許你確信，數位電腦所進行的那種計算活動不可能產生意識。不管怎樣，這也不意味你就可以把模擬論證簡單地打發了事，因為，還有許多其他方法可以創造並維持虛擬實在。

回想一下第 4 章說到的 U-SIM。這個先進的頭盔可以直接和大腦互動，可以完全控制使用者的感官經驗、認知功能和心理。一旦連接到合適的電腦上去，按下一個按鈕，它就可以讓用戶進入虛擬實在。它可以給你提供最內在的感受，知道拿破崙在滑鐵盧是甚麼樣的，不過，它也可以讓一個生活在公元 2300 年的人得到最內在的感受，知道一個生活在二十一世紀初的普通人是甚麼樣的。即便電腦永遠都不能夠具備意識，神經接入技術的進步也能夠提供另一條道路，讓我們進入完全沉浸式的、完全栩栩如生的虛擬實在。

你也許會想，到底為甚麼生活在未來的人會不厭其煩地回到過去生活。他們難道沒有更好的事情做了嗎？這只不過又是一個自然的第一念，但是我不會太看重它。

當虛擬實在技術遠比如今先進的時候，它能帶給我們許多在別處無法得到的東西。因此，很有可能許多人會經常花費大量時間完全沉浸在虛擬環境中，就如同現在有許多人把大量時間花在網路上一樣。當然，（大多數）人不會把大部分時間用來"拜訪"過去，但他們很有可能會在那上面花上幾個鐘頭或是一天。歷史課肯定會偶爾用上回到過去的虛擬實在之旅，未來的歷史學家們 —— 無論是業餘的還是專業的

—— 無疑也會使用這個設備，還有小說家或者其他特別想知道在特定時期生活是甚麼樣的人，他們也會使用這個設備。不過，這類旅行也可能被用作娛樂的目的。未來的肥皂劇完全有可能具備一個今天的肥皂劇所沒有的元素，一個沉浸式／互動式的元素，它就像電腦遊戲那樣。已經有證據表明，能夠進入並探索虛擬實在，這很有可能是相當受歡迎的。在過去幾年裏，參與 MMPORG（大規模多玩家線上角色扮演遊戲）的人數已經急劇增長 —— 其中著名的魔獸世界（World of Warcraft）目前已經吸引了大約一千萬玩家。[9] 我們都知道，這些虛擬世界會讓人上癮；遊戲玩家每天都從這個世界退席幾個鐘頭，這並不罕見。要是出現了完全沉浸式的虛擬實在技術，這種消遣很可能會更受歡迎。

有**許許多多**的人即便只是偶爾地虛擬訪問過去，我們也不難看出，這個數目很快就會積少成多。我們大多數人每天會有 16 個小時是清醒的。讓我們將 16 小時長的意識之流 —— 我們將簡稱它們為 D- 流 —— 作為我們的工作單元。同時，讓我們説，如果 D- 流符合下列條件，就是威脅性的：（a）存在於未來，而且是在虛擬實在系統的幫助下產生的，並且（b）與二十一世紀初的真實居民所具有的意識之流的特

9 　據暴雪公司新聞稿，請見 http://us.blizzard.com/enus/company/press/pressre leases.html?101007。在過去十年間，任何時間裏的用戶數都在八百萬至一千兩百萬之間浮動。

徵大致相似。由於一個真實的二十一世紀初的人所具有的標準 D- 流包括這個人過去生活的記憶，威脅性的 D- 流也會包括對一個過去生活的（表面上的）記憶。威脅性的 D- 流經過了非常仔細的設計，其目的在於隱藏其真正的本質。未來的某個人登上了一場回到過去的虛擬之旅，他的經驗看上去與生活在二十一世紀初的某個人實際具有的經驗一般無二。因此，我們完全可以構想，你今天將會有的經驗事實上都是虛擬的。

現在，有相當多真正的二十一世紀初的 D- 流屬於真實的人。如果我們假設，地球上從 2000 年到 2020 年的平均人口為七十億，那麼，某個年份的 D- 流只不過比 2.5×10^{12} 稍微多一點。這樣説來，在這整個二十年裏邊，D- 流的總數大約為 50×10^{12}。為了説明模擬論證的後果，只需要讓未來的威脅性 D- 流的數目達到大約這個數位就可以了。且讓我們假定，未來被輸入了與二十一世紀初真實的普通人相似的 D- 流總數，與二十一世紀真正的、非虛擬的一整天意識之流的總數大約相近。由於你的經驗沒有甚麼特別之處，因此，有百分之五十的可能，你目前的經驗是虛擬的而非真實的。

威脅性 D- 流必需的數目雖然巨大，但可能是存在的，這並不是過於牽強的假設。人類的人口將很可能繼續增長，如果我們擴展到太空，殖民到其他星球，這個增長速度會非常快。也請記住，我們還有幾百年的時間。隨着未來人口達到（比如說）上千億，再乘以數百——很可能數千——代人，其中許多人都會常常通過虛擬實在之旅回到過去，那麼，威脅性 D- 流的數目將會接近、甚至完全可能超過原初 D- 流的數目，這也並不是甚麼難以置信的事情。讓我們做一個類似的比較：想想有多少人生活在十九世紀荒涼的美國西部地區，而自那以後又有多少人通過在電視或電影上看到這些人而間接地生活在那裏。並且，正如我們將要看到的，在我們的後代當中，拜訪二十一世紀初期是特別流行的，這麼想有多種理由。

一個全新的困境

當代認識論的一個相當大的部分——"知識理論"——致力於針對笛卡兒提出的那種全局式懷疑論給出最佳回應。如果我們不確定，我們的思想和經驗不是由一個充滿惡意的魔鬼或瘋狂的科學家製造出來的，那我們如何能夠真正地宣稱，我們**知道**呢？乍一看，祖先模擬帶來的認識論後果似乎就是同一類懷疑論：通常被我們當作對真實世界的經驗的東西，事實上可能是生動的幻覺，在這個情況下，幻覺是由遙遠未來的機器製造出來的。所以，我們真的能夠確定甚麼東西嗎？

笛卡兒的惡魔假設乃是一個**單純的可能性**，我們沒有絕對把握將其排除，但也沒有特別理由去認真對待它。瘋狂的科學家把信號輸入我們的大腦，這一點我們也同樣無法排除，但也沒有理由認真對待。與此形成鮮明對比的是，你生活在一個電腦生成的虛擬世界裏，這個假設是有道理的，其立論基礎是對人類長遠前景，以及未來技術發展之可能性的合理的經驗預測。

讓我們拋開單純懷疑論的假設，假定世界是你相信的那樣，是你的日常經驗所表明的那樣；也就是説，的確是有一個地球行星，人類歷史的進程差不多就是你在學校所學到的那樣。並且，讓我們假設，你經過對最近技術發展趨勢和人類心理傾向漫長而艱難的思索之後，相信非常強大的模擬技術很有可能會得到發展，並在不遠的將來投入使用。一個戲劇性的後果立刻就會隨之而來。如果你細緻的推理致使你得出關於技術趨勢的這些結論，你也應該相信，很有可能，你自己的經驗就是模擬的。因為，如果你關於自己世界的信仰是真的，那麼，模擬的人類生命很有可能遠遠多於非模擬的人類生命。

對我們日常確定性的這種基於經驗的威脅，與笛卡兒的惡魔大不一樣。它也是一個更加令人擔憂的問題。

模擬論證是否會動搖它自身？

模擬論證依賴於對真實世界中技術發展趨勢的預言，這個事實賦予了它一定的說服力和吸引力，但同時也讓它很容易受到潛在的毀滅性異議的攻擊。模擬論證依賴的是關於現實世界會如何發展的某些可能準確的經驗預測。但是，如果我們最終接受，很有可能我們正生活在模擬之中，那麼，我們顯然就沒有理由再接受相關的預測。沒有理由假設，在一個模擬裏面看似可能的未來發展**真的**是可能的。根據這個觀點，類比推理是自我拆台的，因此我們可以放心地把它打發了事。

乍一看，這個推理或許看起來非常令人信服。促成模擬論證是如下這個主張：在未來，能夠產生並控制經驗的複雜技術極可能被製造出來並投入使用。如果我們最終相信，我們自己的經驗是由一個未來的類比機所製造出來的，那麼我們就不會再有甚麼理由相信，我們的經驗是**任何事情**的可靠指南，更不用說具體到未來技術的趨勢了。在這樣的情況下，類比論證的確是動搖了它自身。我們也可以鬆口氣了。

但是沒這麼快。這個異議本身基於一個重要的假設，即我們的後代將會使用的模擬，可能是關於事物真的是怎樣的一些完全**不可靠的**指南。為甚麼這樣認為？如果我們的後代還和我們相像的話，那他們製造出來的許多類比很可能是完

全的幻想，與現實並沒有太多相似之處。但是同樣的，許多
—— 很可能絕大多數 —— 模擬並不是這樣的。

由未來的歷史學家們做出來的模擬，試圖忠實地再造
過去某個時期（如二十一世紀），這顯然**不會是**對所涉時期
不可靠的指南，遠非如此。但是，除非歷史被證明在未來比
在過去更受歡迎，否則的話，作出以下的推論似乎就是安全
的：大多數模擬不會是對歷史多樣性的模擬。大多數製造出
來的類比很可能更像小説作品。即便如此，依然有許多被歸
為此類的模擬可以被視為關於事情如何的可靠指南。並非在
所有方面，而是在所有相關方面。

在評估模擬論證的合理性的時候，真正重要的是如下
這些因素：在現實世界中，甚麼是自然規律？這些規律使得
甚麼技術成為可能？在現實世界中存在着甚麼樣的人？如果
先進的模擬技術得到了發展，人們是否可能會使用它們？因
此，一個模擬如果是**貼切可靠的**，它所想像的虛擬世界就會
符合（表面上）自然的規律（這些規律與得自真實世界的自
然規律相似），它也會精確地描繪相關時期 —— 我們現在説
的，就是二十一世紀早期 —— 內社會以及科學的總體趨勢。
我們並不需要亦步亦趨地忠實於歷史和傳記的細節。幾乎所
有的當代小説 —— 值得注意的是，許多幻想小説和一些狂野
的科幻小説除外 —— 都是貼切可靠的，儘管事實上這些小説
中描述的人物和事件都並不存在。

總之，這些思考讓我們把一直在考慮的反對意見的很多刺都拔掉了。如果你認為，我們的後代很可能會製造出許多在這些相關的方面都是可靠的模擬，那麼，你就可以前後一致地認為，你自己正生活在某一個模擬之中。另外，重要的是，我們已經揭示了模擬推理所適用的那類模擬的約束條件。如果你是通過模擬論證而得出了結論，認為你完全可能正居住在模擬世界中，那麼，你就完全有理由假設，非模擬的世界與你的世界不會有**太大**差別 —— 實際上，你可能正生活在一個虛構作品中，但你並不是生活在完全的幻想中。

純真的終結

　　如果我們的後代的確獲取了製造類比的技術，我們能否期望，他們會選擇不使用它？照著如今的角色扮演遊戲 —— 即便這些遊戲還相當初級 —— 的人氣來看，我們的後代是不大可能剝奪自己享受類比設備所帶來的更複雜娛樂的。我們還應該記住，模擬技術可能掌握在超級智慧電腦手中，因此超出了我們的控制能力。

　　我們的生活是模擬的，不同的人聽到這個消息的反應無疑會大不相同。有些人可能覺得這是個好消息，即他們所過的生活只是虛擬的，（在短短幾個小時內）他們就會擺脫目前的生活，發現自己活在另一個世紀。對於其他人，這個消息就沒那麼好了。還有一個問題，不同類型的模擬會造成非常不同的挑戰。例如，我們可能生活在對一大段人類歷史的大規模集體模擬裏，運行於一台龐大的電腦上。（實際上，我們在《駭客帝國》〔Matrix〕電影裏邊所發現的就是這種模擬）。如果是這樣，那你完全有理由這樣說："那又怎麼樣？我的朋友和家人都是真實的人；我們的經驗和任何其他人的經驗都一樣地真實。我們的世界也許是虛擬的，但是它看上去並非虛擬的。"然而，也有可能你現在的經驗是由二十二世紀一個正在上歷史課的少年帶着的頭盔製造的，而且就快要下課了。你以為是朋友和家人的這些人，他們沒有一個是真實的，幾分鐘之後，當這個模擬結束的時候，一切都將不復存在。

我們還要提出一個哲學性的一般觀點。迄今為止，在我們的歷史上，我們一直高枕無憂地認為，現實很可能就是它看上去的那個樣子。但是，現在情況已經改變了，我們的純真時代即將結束。我們現在必須讓自己接受這樣的觀點：即便現實就如同它看上去的樣子，我們目前的經驗也依然很可能是模擬的。

我們很多人可能是第一次聽到這個令人不安的想法。但是，對於那些出生在技術更先進的社會的人而言，這很可能並不是甚麼新鮮事。如果人類有很久遠的未來，許多人都會成為這樣的人。不得不秉持如下的知識而生活，即"所有這一切很可能只是一個模擬"，這很可能是許多技術先進的意識主體的通常命運，無論這些主體是人類或非人類、生物或非生物，無論宇宙是否結束。

這讓我們得出了另一個想法。我們的許多後代也許會想要逃離類比的陰影，想要親自體驗存在於純真時代會是甚麼樣的，想要知道甚麼時候才能相信 —— 真正地相信，從他們的心底相信 —— 事物就是它們看上去的樣子。他們生活在更加黑暗的時代，這樣的信念 —— 這樣的存在狀態 —— 無處可尋，他們只有一個選擇：登上完全沉浸式的虛擬現實之旅回到過去。這對我們的前人而言是個壞消息。那些**看似**生活在純真時代的大多數人，其實也不過是在過着模擬的生活。

我們自己的困境也好不到哪裏去。我們許多後代也許會想要知道，開始意識到模擬威脅是甚麼樣的；感受第一次陰影的籠罩也許是難以抗拒的誘惑。如果是這樣的話，那麼，二十一世紀初的生活也許比它看起來的樣子還要更加脆弱。

尾聲：論被時間移動（或不被移動）

　　自我是存在於時間中的東西。我們出生，我們死亡，我們的生命是由我們在這兩端之間的時間中所做、所經驗的事情構成的。雖然這一點是顯而易見的，然而，在時間中存在**意味**着甚麼，這依然部分地取決於時間本身的性質。時間本身乃是一個巨大的、眾說紛紜的形而上學論題，但在這裏，我並不想探討這個問題所引起的複雜論辯，雖然它們非常有趣。不過，為了理解這些爭論如何影響了**自我的**性質，我們有必要概述一下目前有影響的關於時間的主要構想。

　　下圖描繪了其中最重要的一種構想，三個立體圖形的每一個都分別代表關於整個宇宙的時間特徵的一種截然不同的想法。

　　圖中底部單獨的切片代表我們目前時刻整個三維宇宙

的內容。這個切片是二維的（或者是接近二維的），因此有一個空間維度被壓縮了。中間的較長的立方體代表我們的目前，加上全部的過去 —— 想像一下，一個薄薄的橫截面（就像下方的這個切片）穿過這整塊長方體，每一個橫截面都代表着過去某個時刻整個宇宙的暫態狀態。圖的上方，更長的立方體代表**整個**宇宙，過去，現在和未來。

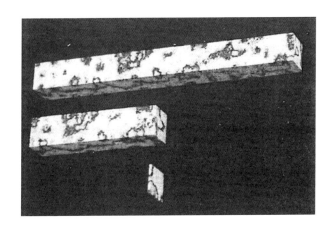

　　這其中的每一個宇宙觀都對應着對時間本身的不同構想：

　　（1）現在主義（那小塊切片）：宇宙由一系列暫態的（或非常短暫的）階段構成；由於這些現在裏邊只有一個是實在的，因此過去和未來都根本沒有實在性 —— 它們根本不存在。

（2）增長方塊（中等大小的長方體）：現在和過去都存在，只有未來是完全不實在的；由於實在的新"切片"——新的現在——正在被創造出來，而它們一旦被創造出來，就會一直保持存在，這個宇宙就在不斷增長。

（3）方塊宇宙（大長方體）：過去、現在和未來全都是同樣實在的；並沒有享有特權的或移動着的現在——每一個事件在發生之時都是**一個**現在，就像每一個**地方**都是一個"此處"一樣。

時間和空間有甚麼不同呢？思考一下之後，我們也許會想到兩個重要的區別：時間只有一個維度，而空間有三個維度；另外，時間流逝着，空間卻不。時間**流逝**着，這似乎是顯而易見的。我們生活在當下，而當下總是**在移動中**，至少看上去是這樣。如果你看着鐘，上面寫着"10:35"，我們都知道很快那就會顯示下一個時刻了。至於下一個耶誕節，總是不斷地接近我們，一分一秒地接近我們。"增長方塊"和"現在主義"時間構想的支持者們都認為時間流逝着，然而他們對它解釋卻不一樣。相反，"方塊宇宙"的支持者們否認時間的流逝。他們認為，我們經驗所具有的特徵使我們覺得現在**似乎**是在不停變化着、不停前進着的。但他們堅持認為，這個時間的推移只不過是表象而已，在現實中並沒有任何與之相對應的東西。

如果"現在主義"是正確的,那麼,我們的存在會以它看起來的方式而局限於一個短暫、轉瞬即逝的實在一切片。隨着每一個現在都讓位於下一個現在,因此,那些現在裏邊所包含的一切——包括我們的經驗——都會完全而徹底地湮沒。隨着現在向前移動,實際上,我們**自身**也隨之移動。我們所有人都一直在被時間的推移運送到未來。

如果"增長方塊"對時間的説明是正確的,那我們的生命就會延展到過去,而我們生命的過去部分——包括我們過去的經驗——就與現在存在的東西一樣地實在。不過,未來是完全開放的:我們生命的這些部分還沒有開始以任何形態或方式存在——儘管隨着時間一分一秒地推移,這會發生變化。

但是,如果我們居住在一個"方塊宇宙"中,那我們生命的所有組成部分就都是完全同樣地實在的。雖然我們從現在這個有利位置並不知道,我們的生命在未來會採取甚麼樣的形態,或者我們能夠期待生命中會有的經驗類型,然而,我們生命的未來那些部分——以及它們將包含的經驗和行動——與現在部分及過去部分一樣地真實。根據這個觀點,我們是四維的存在者,擁有在時間中延展的生命,其延展方式與我們的身體在空間中延展的方式一樣。由於我們無法把四維視覺化,因此,我們真正的形態簡直就是無法想像的,儘管這聽上去很奇怪。

這些關於時間的不同觀點在當代有各自的支持者，這方面的論辯既包括了形而上學的話題，也包括了科學的話題。在形而上學的方面，"宇宙方塊"的支持者常常爭辯說，當我們更仔細地考察時間的流逝時，就會發現時間流逝的整個觀念是不合邏輯的——"現在主義"和"增長方塊"的支持者則會不同意這樣的觀點。由於"現在主義"和"增長方塊"的觀點都提出了一個宇宙範圍內優先的現在，因此，他們都需要一個優先的同時性平面，而這和愛因斯坦的狹義相對論有些矛盾。根據這個大家廣為接受的理論，同時性是相對的：相對移動的人會將不同的事件組看作同時的，也因而看作現在——這就是說，關於哪些事件同時發生，不同的人會有不同的看法，不存在任何關鍵事實來證明他們到底誰才是對的。鑒於這個情況，許多物理學家和宇宙學家都強烈地傾向於"方塊宇宙"的時間觀。[1]

　　我們的整個生命都嵌在一個無時間的（或是永恆的）宇宙方塊裏，這可能是一個令人緊張不安的想法。我們也許不知道未來會發生甚麼，但既然未來和過去一樣實在，一樣確定，那麼在我們前方的東西就已經是既定的了。不過，"方塊"的構想也有安慰作用。1955 年，愛因斯坦在終身摯友蜜雪兒・貝索（Michele Besso）去世後不久寫信給他的家人：

---

[1] 我在《時間與空間》（*Time and Space*, 2010b）一書中詳細討論了對時間的這些各不相同的構想，以及支持和反對它們的例子。

"現在，他早我一步，和這個奇怪的世界告別了。這並不代表甚麼。對我們這些有信仰的物理學家來說，過去、現在和未來之間的區別只是一個幻覺，雖然它是一個根深蒂固的幻覺。"通過這番話，愛因斯坦揭示了"方塊宇宙"中的一個信念。對他來說，過去、現在、未來之間沒有甚麼區別。擔心死亡就等同於不存在的人，應該會歡迎"宇宙方塊"，因為，在這裏，生命有始有終，但生命 —— 以及它們完整無缺的全部喜悅和悲傷 —— 永遠是一個永恆的四維宇宙的一部分。

相反，如果"現在主義"是正確的，由於過去沒有與之對應的實在，因此，你死了一秒鐘以後，你就真的走了，完全地、徹底地、永遠地走了。當然，這個看法也可以有令人欣慰的一面，這取決於你如何看待它。